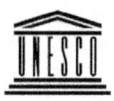 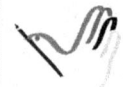

Organisation
der Vereinten Nationen
für Bildung, Wissenschaft
und Kultur

Welttag der Pressefreiheit
mit Unterstützung
der Deutschen
UNESCO-Kommission

Der Internationale Welttag der Pressefreiheit wurde von der UNESCO initiiert und findet seit 1994 jährlich am 03. Mai statt.
Die Förderung der Presse- und Meinungsfreiheit ist ein Leitziel der Organisation.

Das Buch BLACK_ED OUT trägt in besonders geeigneter Form zur Erreichung der Ziele des Welttags und der Ziele der UNESCO bei.

BLACK_ED OUT

Was wäre, wenn...?

Inhaltsverzeichnis

Vorbemerkungen...3

1. Gesetze und Rechte...19

1.1 Artikel 5 Grundgesetz der Bundesrepublik Deutschland..19

1.2 Allgemeine Erklärung der Menschenrechte - Die UN-Menschenrechtscharta............20

1.3 UN-Zivilpakt..21

2. Grundgesetz für die Bundesrepublik Deutschland..23

3. Charta der Grundrechte der Europäischen Union...104

4. Unabhängigkeitserklärung der Vereinigten Staaten von Amerika vom 4. Juli 1776.....122

5. Verfassung der Vereinigten Staaten von Amerika vom 17. September 1787..............126

6. Erklärung der Menschen und Bürgerrechte in Frankreich vom 26.August 1789.........157

7. Charta der Vereinten Nationen vom 26. Juni 1945...161

8. Magna Carta vom 15. Juni 1215..191

9. Autoren Index Katholische Kirche..201

10. Liste der "verbrannten" Autoren im Dritten Reich..209

11. Flugblätter der „Weißen Rose"...230

12. Zensierte und verbotene Bücher aus unserer aktuellen Zeit....................................246

13. Martin Luther King - „I Have a Dream"..248

14. Der Spiegel „Bedingt abwehrbereit"...252

15. Bundesverfassungsgericht Urteil vom 5.August 1966..275

16. 9/11 Report „28 Pages" - Original Schwärzung 2002..328

Alle in diesem Buch geschwärzten Texte entsprechen in Form und Inhalt den Originaltexten.

Vorbemerkungen

„Jeder hat das Recht, seine Meinung in Wort, Schrift und Bild frei zu äußern und zu verbreiten und sich aus allgemein zugänglichen Quellen ungehindert zu unterrichten. Die Pressefreiheit und die Freiheit der Berichterstattung durch Rundfunk und Film werden gewährleistet. Eine Zensur findet nicht statt."

Was wäre, wenn § 5 unseres Grundgesetzes zur Presse- und Meinungsfreiheit einfach geschwärzt würde und nicht mehr gilt?

Vorbemerkungen

Vorbemerkungen

Dieses Buch handelt von der Freiheit.

Von der Meinungs- und Pressefreiheit und dem Druck auf ihr.

Menschen wollen ihre Gedanken und Meinungen frei mitteilen können.
Dieses Streben ist tief verwurzelt.

Es kommt dem schlimmsten Verbrechen gleich, diesen Drang zu unterdrücken und zu verbieten.
Doch es geschieht seit jeher und immer wieder.
Denn es ist menschengemacht.

Die Freiheiten werden beschnitten, verboten und unter Strafe gestellt.
Bei den Regierenden erlangen dadurch wenige Privilegierte ein Übermaß an Freiheiten für ihre eigenen Bedürfnisse.
Deshalb ergeben sich große Un-Freiheiten beim Rest der Bevölkerung.

Das Reduzieren und Verschwinden der Freiheiten geschieht im Namen von Regierungen, Parteien, Herrscherfamilien, Religionen, Kulturen, Weltanschauungen, Militärs, Dummen und Gebildeten, Starken und Schwachen.

Alle Herrschenden eint, dass sie Angst haben.
Angst vor Machtverlust, vor Veränderung, vor der freien Meinung.

Die Begründung des Herrschaftsanspruches ist dabei oftmals sehr abwegig und konstruiert.
Der Aufwand für die Durchsetzung dieses Herrschaftsanspruches ist dann nicht selten streng, abartig und ungerecht.

Vorbemerkungen

Vorbemerkungen

Im Verlauf der letzten Jahrhunderte sind viele Kriege und Auseinandersetzungen geführt worden.
Dabei ging es um Macht und Herrschaft, um Geld und Einfluss, um Wahrheit und Unwahrheit, um Freiheit und Leben.

Und von der Vergangenheit bis zur Gegenwart hat sich kaum etwas daran geändert.

Es wurde gekämpft mit den bleiernen Kugeln der Gewehre und den bleiernen Lettern der Zeitungsdrucker.

Selbst Napoleon hat zugegeben, dass er drei Zeitungen mehr fürchte, als hundert Bajonette.

Und er sollte, historisch betrachtet, Recht behalten.

Vorbemerkungen

Vorbemerkungen

Im Laufe der Zeit hat die Freiheit der Meinung und der Presse große Errungenschaften hervorgebracht.

Die Presse- und Meinungsfreiheit hat sich zu einem starken Recht entwickelt.

Diese Rechte sind festgeschrieben in Gesetzen und Artikeln von einzelnen Staaten und Ländergemeinschaften.

Die freie Presse hat es dabei in unserer westlich geprägten Welt zur vierten Instanz des Staatswesens gebracht.
Ihre Aufgaben wie Berichterstattung, Recherche, Aufdeckung und Kontrolle sind dabei wichtig und vielfältig.

In der Ausübung dieser Rechte und Freiheiten hat sie stets darauf zu achten, dass sie den Menschen zu dienen hat und nicht den Regierenden.

Vorbemerkungen

Vorbemerkungen

Diese Freiheit von Meinung und Presse passt nicht jedem.
Bis zum heutigen Tage.
Und zwar aus den selben Beweggründen, wie schon vor hunderten von Jahren.

Dabei spielt es keine Rolle, ob die Meinung gesprochen auf den Marktplätzen, gedruckt auf Papier oder digital verbreitet im Netz wird.

Die Presse- und Meinungsfreiheit ist keine Selbstverständlichkeit. Sie besitzt keinen Automatismus mit zukünftiger Fortschreibung auf gewohnten Niveau.

Sie ist Anfeindungen ausgesetzt und muss immer wieder aufs Neue verteidigt werden.

Und das geht jeden Einzelnen von uns an.

In unserer vermeintlichen Sicherheit des Seins sind wir sehr behäbig geworden.
Wir müssen aber vielmehr wieder unser Bewusstsein dafür aktivieren und das Nachdenken üben.

Vorbemerkungen

Vorbemerkungen

In diesem Buch sind die fundamentalen, gesetzlichen Errungenschaften mit all ihren übertragenen Rechten und allgemeinen Regelungen des menschlichen Zusammenlebens abgedruckt.
Diese sind aus verschiedenen Ländern und Epochen und von wegweisender Bedeutung.

Das Buch enthält bedeutende Autoren ihrer jeweiligen Epoche mit einigen ihrer verbotenen Werke. Dies wird noch ergänzt durch andere historische Dokumente.

Und all diese wichtigen Worte sind geschwärzt.

Zeile für Zeile.

Es herrscht eine bürokratisch anmutende Formalität.

Sie folgt einer brutalen Ästhetik von Konformität.

Es ist die lineare Streichung unserer Rechte und Freiheiten.

Mit dem selben Druck und der selben Tinte, mit der sie uns übertragen wurden.

Vorbemerkungen

Vorbemerkungen

Versuchen Sie ein Bild im Kopf entstehen zu lassen.
Von all den geschwärzten Zeilen.

Denn: Bilder lassen sich einfacher merken.

Es geht um Bewusstsein und Nachdenken.

Was wäre, wenn...?
Was wäre, wenn manche Zeilen und Worte wegen Streichung und Verbotes nie geschrieben oder gesprochen worden wären.
Oder wenn die Rechte nun entzogen oder verboten wären.

Einfach geschwärzt. Aus und vorbei.

Wo wären wir?
Wo würden wir uns hin entwickeln ?

Vorbemerkungen

Vorbemerkungen

Können wir etwas tun?   JA.

Natürlich gibt es keine einfache Weltformel für Freiheit, Gerechtigkeit und Frieden.

Zwei Grundsätze sind allerdings elementar:

- Behandle andere Menschen so, wie auch du selbst behandelt werden möchtest.
- Lasst uns den Kindern die bestmögliche Bildung mit auf den Weg geben. Lass sie frei sein von kultureller, politischer oder religiöser Indoktrination.

Damit ließe sich schon viel erreichen. Die Freiheit der Meinungs-Bildung sorgt für ein Verständnis der Welt und deren Zusammenhänge. Sie bereitet damit unweigerlich den Weg für Meinungsfreiheit.

Die jetzigen Auseinandersetzungen der Menschen und die Konflikte der Zukunft unterscheiden nicht mehr zwischen Gut und Böse oder Recht und Unrecht.

Sie unterscheiden sich durch den freien oder un-freien Meinungsaustausch und dem Zustandekommen von Meinungen, Argumenten, Berichterstattung.

Deutschland hat die Institution des Bundesverfassungsgerichtes.
Es ist der Wächter über unsere Rechte und unsere Verfassung.

Anderswo gibt es diese Institution nicht. An vielen Rechten und Freiheiten wird dort schon wieder geschwärzt.

Die Presse- und Meinungsfreiheit ist das Fundament unserer Demokratie.
Sie darf uns nicht abhanden kommen.

Wird unsere Freiheit geschwärzt, gibt das den Black Out.

BLACK_ED OUT

1. Gesetze und Rechte

1.1 Artikel 5 Grundgesetz der Bundesrepublik Deutschland

1.2 Allgemeine Erklärung der Menschenrechte
Die UN-Menschenrechtscharta

Freie Meinungsäußerung

Artikel 19

1.3 UN-Zivilpakt
Internationaler Pakt über bürgerliche und politische Rechte

Meinungsfreiheit

[redacted]

(1) [redacted]

(2) [redacted]

(3) [redacted]

a. [redacted]

b. [redacted]

2. Grundgesetz für die Bundesrepublik Deutschland

Eingangsformel

Der Parlamentarische Rat hat am 23. Mai 1949 in Bonn am Rhein in öffentlicher Sitzung festgestellt, daß das am 8. Mai des Jahres 1949 vom Parlamentarischen Rat beschlossene Grundgesetz für die Bundesrepublik Deutschland in der Woche vom 16. bis 22. Mai 1949 durch die Volksvertretungen von mehr als Zweidritteln der beteiligten deutschen Länder angenommen worden ist.
Auf Grund dieser Feststellung hat der Parlamentarische Rat, vertreten durch seine Präsidenten, das Grundgesetz ausgefertigt und verkündet.
Das Grundgesetz wird hiermit gemäß Artikel 145 Abs. 3 im Bundesgesetzblatt veröffentlicht:

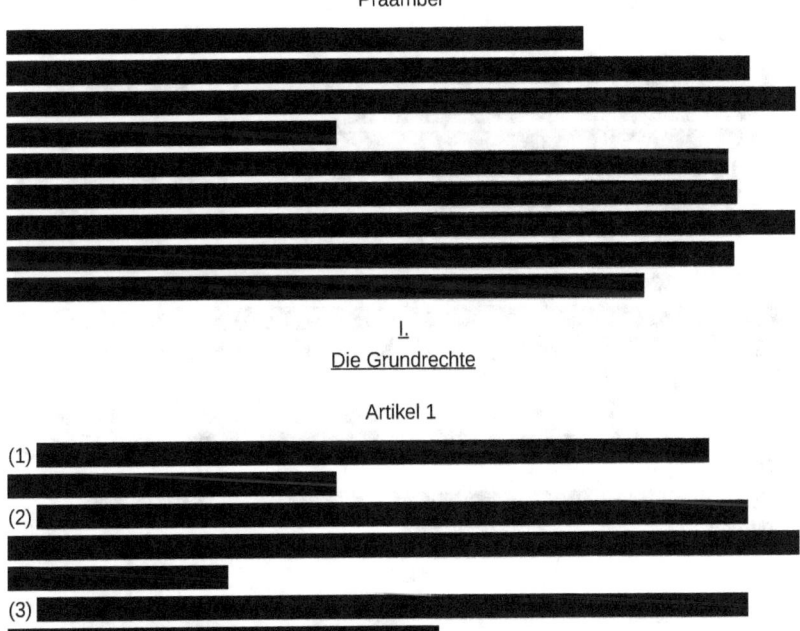

BLACK_ED OUT

2. Grundgesetz für die Bundesrepublik Deutschland

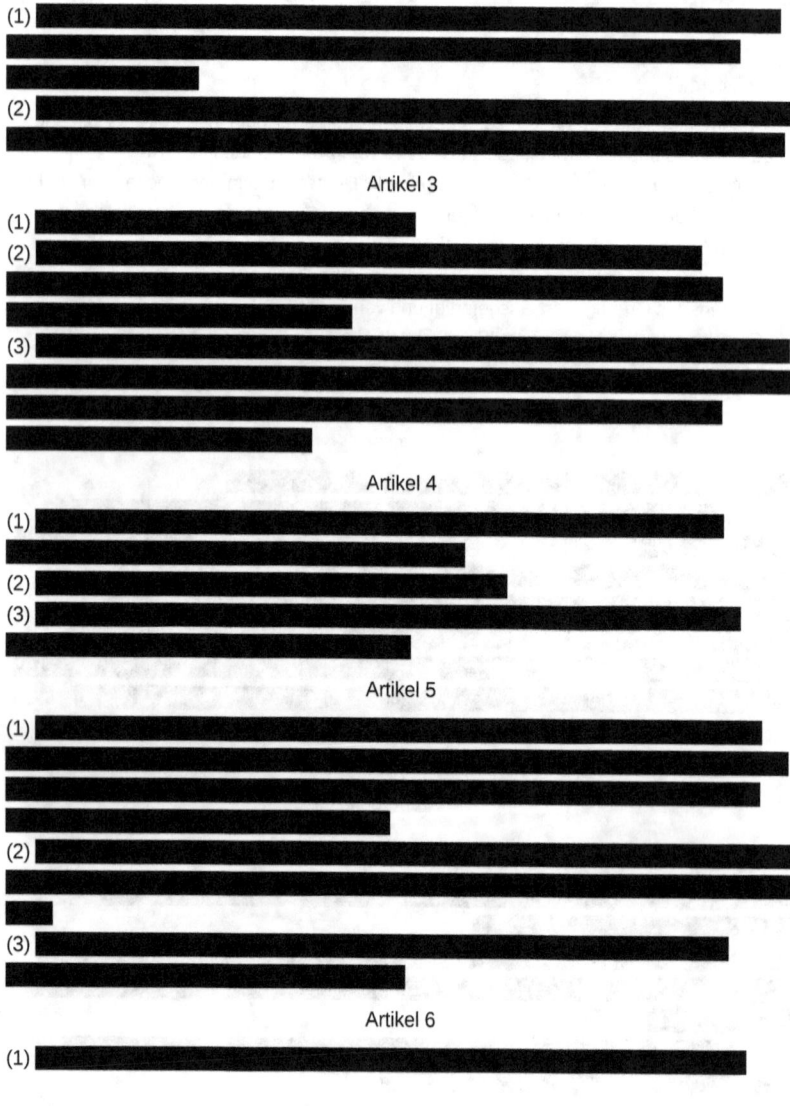

2. Grundgesetz für die Bundesrepublik Deutschland

(2) ███

(3) ███

(4) ███

(5) ███

Artikel 7

(1) ███

(2) ███

(3) ███

(4) ███

(5) ███

(6) ███

Artikel 8

(1) ███

2. Grundgesetz für die Bundesrepublik Deutschland

(2) ████

Artikel 9

(1) ████
(2) ████

(3) ████

Artikel 10

(1) ████
(2) ████

Artikel 11

(1) ████
(2) ████

2. Grundgesetz für die Bundesrepublik Deutschland

Artikel 12

(1) ███████████████████████████████
███████████████████████████████
███
(2) ███████████████████████████████
█████████████████████████
(3) ████████████████████████

Artikel 12a

(1) ██████████████████████████
███████████████████████████████
(2) ███████████████████████████████
███████████████████████████████
███████████████████████████████
███████████████████████████████
█████████████
(3) ██████████████████████████████
███████████████████████████████
███████████████████████████████
███████████████████████████████
███████████████████████████████
███████████████████████████████
███████████████████████████████
██████████
(4) ████████████████████████████
███████████████████████████
███████████████████████████████
███████████████████████████████
████████████████
(5) ██████████████
████████████████████
█████████████████████
███████████████████████████████

2. Grundgesetz für die Bundesrepublik Deutschland

Artikel 13

2. Grundgesetz für die Bundesrepublik Deutschland

(7) ███████████████████████████
███████████████████
████████████████████████
███████████████
██████████████████████████
███████████████████
███
████████████████████████
███████████████████████

Artikel 14

(1) ██████████████████████████
██████
(2) █████████████████████████
███
(3) ████████████████████████
███████████████████████████
████████████████████████████
██████████████████████████
█████████████████████████
██████████████

Artikel 15

███████████████████████████
██████████████████████████
█████████████████████████
████████████████

Artikel 16

(1) ██████████████████████████
██████████████████████████
████████████████████████
(2) ███████████████████████████
██████████████████████████
█████████████████████████
██████████

Artikel 16a

(1) ████████████████

(2) [redacted]

(3) [redacted]

(4) [redacted]

(5) [redacted]

[redacted]

[redacted]

Artikel 17

[redacted]

2. Grundgesetz für die Bundesrepublik Deutschland

Artikel 17a

(1) ███████████████████████████████████████
███
███
███
██████████████████████████████████
███
████████████████████████████████
███████████████
(2) ████████████████████████████████████
███████████████████████████████████████
█████████████████████████████████████

Artikel 18

███
████████████████████████████████
███
███
███████████████████████████████████████
██

Artikel 19

(1) ███████████████████████████████████████
███
███
████
(2) ██████████████████████████████████
(3) ██████████████████████████████████████
████████████████████████
(4) ███████████████████████████████████████
███
██████████████████████████

II.
Der Bund und die Länder

Artikel 20

(1) ██

BLACK_ED OUT

2. Grundgesetz für die Bundesrepublik Deutschland

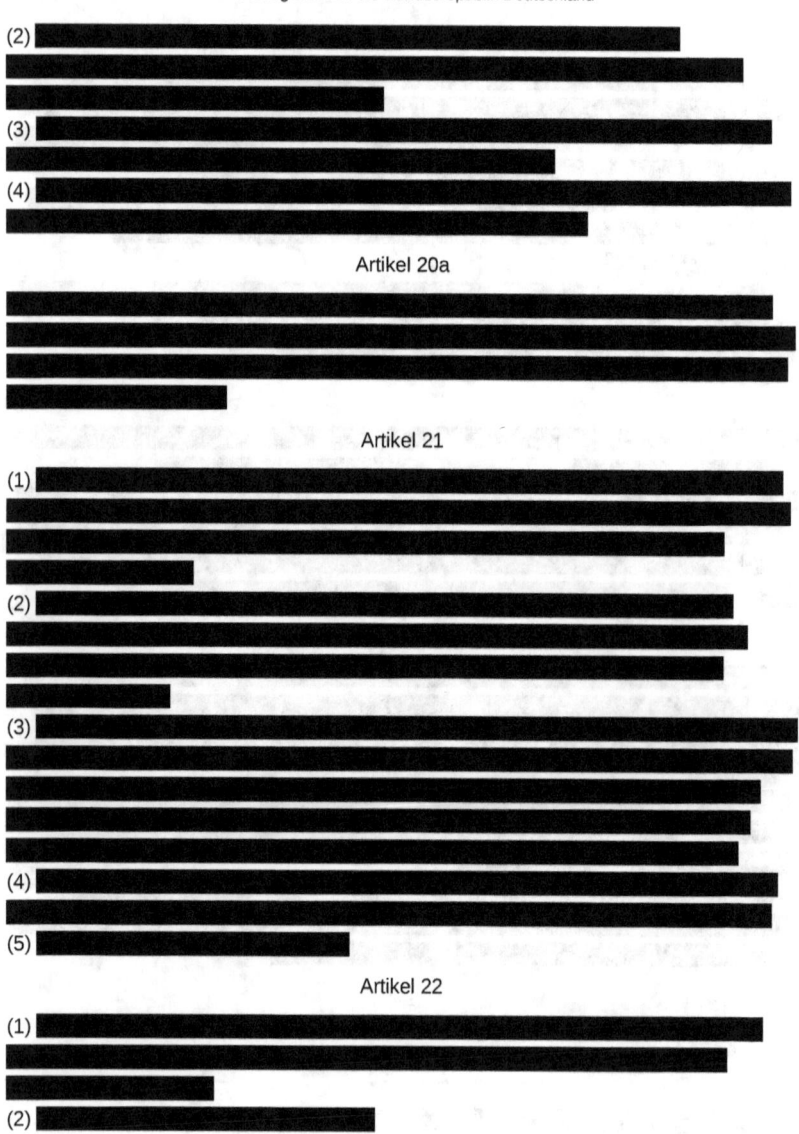

2. Grundgesetz für die Bundesrepublik Deutschland

Artikel 23

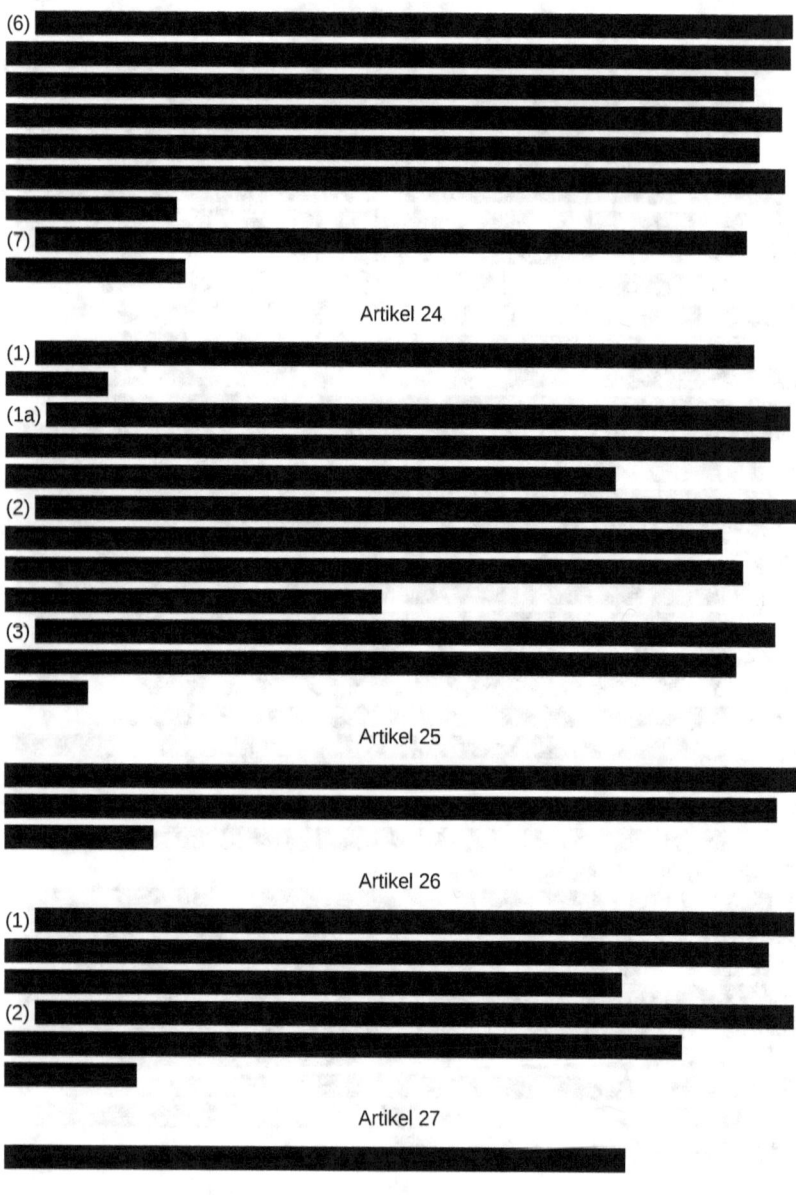

2. Grundgesetz für die Bundesrepublik Deutschland

Artikel 28

(1) ███

(2) ███

(3) ███

Artikel 29

(1) ███

(2) ███

(3) ███

BLACK_ED OUT

2. Grundgesetz für die Bundesrepublik Deutschland

2. Grundgesetz für die Bundesrepublik Deutschland

Artikel 30

Artikel 31

Artikel 32

(1)
(2)

(3)

Artikel 33

(1)

(2)

(3)

(4)

(5)

Artikel 34

2. Grundgesetz für die Bundesrepublik Deutschland

Artikel 35

(1) ███████████████████████████████
███

(2) ███████████████████████████████
███████████████████████████
███████████████████████████
███████████████████████████
███████████████████████████
███████████████████████████
████████████████████
███████████████████████

(3) ██████████████████████████
███████████████████████████
███████████████████████████
███████████████████████████
███████████████████████████
███████████████████████████
███████████████████████████
████████

Artikel 36

(1) ███████████████████████████
███████████████████████████
████████████████████

(2) ███████████████████████████
██████████████

Artikel 37

(1) ███████████████████████████
███████████████████████████
██████████████

(2) ███████████████████████████
███████████████

III.
Der Bundestag

2. Grundgesetz für die Bundesrepublik Deutschland

Artikel 38

Artikel 39

Artikel 40

Artikel 41

Artikel 42

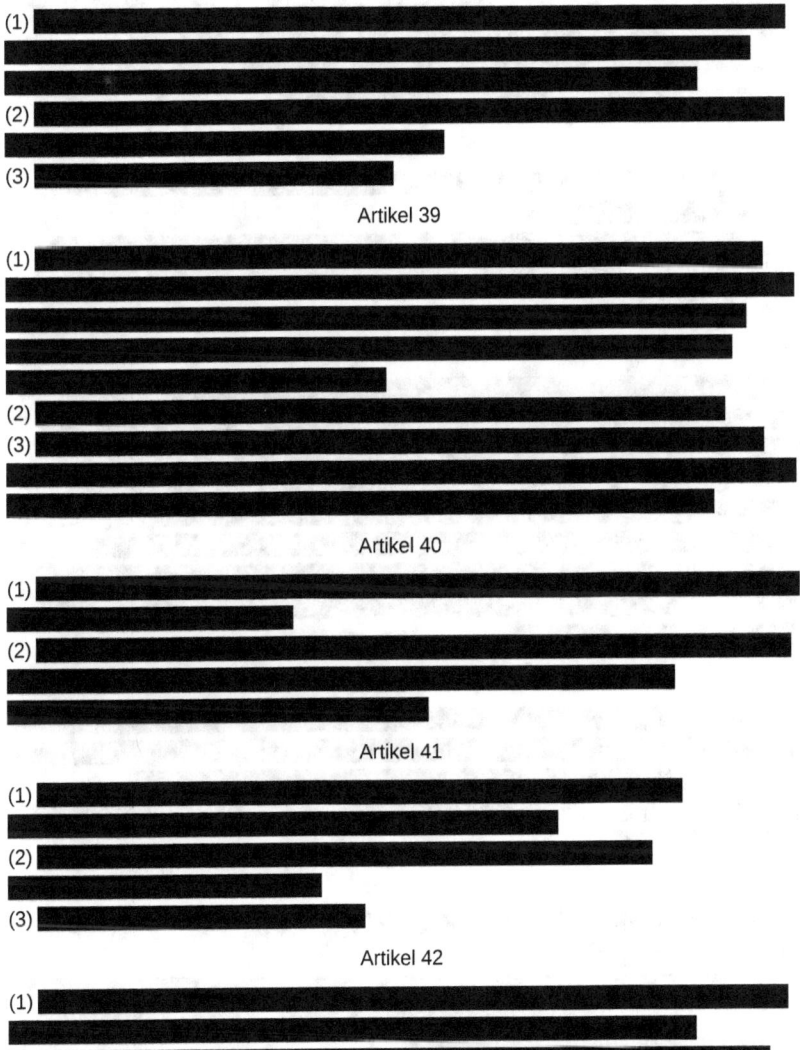

BLACK_ED OUT

2. Grundgesetz für die Bundesrepublik Deutschland

(2) ▮▮▮▮▮▮▮▮▮▮▮▮▮▮▮▮▮▮▮▮▮▮▮▮▮▮▮▮
▮▮▮▮▮▮▮▮▮▮▮▮▮▮▮▮▮▮▮▮▮▮▮▮▮▮▮▮▮▮
▮▮▮▮▮▮▮▮▮▮▮▮▮▮▮▮▮▮▮▮
(3) ▮▮▮▮▮▮▮▮▮▮▮▮▮▮▮▮▮▮▮▮▮▮▮▮▮▮
▮▮▮▮▮▮▮▮▮▮▮▮▮▮▮

Artikel 43

(1) ▮▮▮▮▮▮▮▮▮▮▮▮▮▮▮▮▮▮▮▮▮▮▮▮▮▮▮▮
▮▮▮▮▮▮▮▮▮▮
(2) ▮▮▮▮▮▮▮▮▮▮▮▮▮▮▮▮▮▮▮▮▮▮▮▮▮▮▮▮
▮▮▮▮▮▮▮▮▮▮▮▮▮▮▮▮▮▮▮▮▮▮▮▮▮▮▮▮
▮▮▮▮▮▮▮

Artikel 44

(1) ▮▮▮▮▮▮▮▮▮▮▮▮▮▮▮▮▮▮▮▮▮▮▮▮▮▮▮▮
▮▮▮▮▮▮▮▮▮▮▮▮▮▮▮▮▮▮▮▮▮▮▮▮▮▮▮▮
▮▮▮▮▮▮▮▮▮▮▮▮▮▮▮▮▮▮▮▮▮▮▮▮▮
(2) ▮▮▮▮▮▮▮▮▮▮▮▮▮▮▮▮▮▮▮▮▮▮▮▮▮▮▮▮
▮▮▮▮▮▮▮▮▮▮▮▮▮▮▮▮▮▮▮
(3) ▮▮▮▮▮▮▮▮▮▮▮▮▮▮▮▮▮▮▮▮▮▮▮▮▮▮▮▮
(4) ▮▮▮▮▮▮▮▮▮▮▮▮▮▮▮▮▮▮▮▮▮▮▮▮▮▮▮▮
▮▮▮▮▮▮▮▮▮▮▮▮▮

Artikel 45

▮▮▮▮▮▮▮▮▮▮▮▮▮▮▮▮▮▮▮▮▮▮▮▮▮▮▮▮▮▮
▮▮▮▮▮▮▮▮▮▮▮▮▮▮▮▮▮▮▮▮▮▮▮▮▮▮▮▮
▮▮▮▮▮▮▮▮▮▮▮▮▮▮▮▮▮▮▮▮▮▮
▮▮▮▮▮▮▮▮▮▮▮▮▮▮▮▮▮▮▮▮▮▮▮▮▮▮▮▮
▮▮▮▮▮▮▮

Artikel 45a

(1) ▮▮▮▮▮▮▮▮▮▮▮▮▮▮▮▮▮▮▮▮▮▮▮▮
▮▮▮▮▮▮▮▮
(2) ▮▮▮▮▮▮▮▮▮▮▮▮▮▮▮▮▮▮▮▮▮▮▮▮▮▮▮▮
▮▮▮▮▮▮▮▮▮▮▮▮▮▮
(3) ▮▮▮▮▮▮▮▮▮▮▮▮▮▮

BLACK_ED OUT

2. Grundgesetz für die Bundesrepublik Deutschland

Artikel 45b

Artikel 45c

(1)

(2)

Artikel 45d

(1)

(2)

Artikel 46

(1)

(2)

(3)

(4)

Artikel 47

2. Grundgesetz für die Bundesrepublik Deutschland

Artikel 48

(1) ██
██████████████████

(2) ██
████████████████████████████████████

(3) ██
██████████████████████████████████████
██████████████████████

Artikel 49

████████

IV.
Der Bundesrat

Artikel 50

██
████████████████████████████

Artikel 51

(1) ██
████████████████████████████████████

(2) ██████████████████████████████████████
████████████████████

(3) ██
██████████████████████████████████████
████████████

Artikel 52

(1) ████████████████████
(2) ██████████████████████████████████
████████████████████████████

(3) ████████████████████████████████
██████████████

(3a) ████████████████████████████████
██████████████████████████████████████

2. Grundgesetz für die Bundesrepublik Deutschland

(4) ▮▮▮

Artikel 53

▮▮▮

IVa.
Gemeinsamer Ausschuß

Artikel 53a

(1) ▮▮▮

(2) ▮▮▮

V.
Der Bundespräsident

Artikel 54

(1) ▮▮▮

(2) ▮▮▮

(3) ▮▮▮

2. Grundgesetz für die Bundesrepublik Deutschland

(4) ███

(5) ███

(6) ███

(7) ███

Artikel 55

(1) ███

(2) ███

Artikel 56

███

Artikel 57

███

Artikel 58

███

2. Grundgesetz für die Bundesrepublik Deutschland

Artikel 59

(1) ███████████████████████████████
███████████████████████████████████

(2) ███████████████████████████████
███████████████████████████████████
███████████████████████████████████
███████████████████████████████████
███████████████████████████████████
██████████████

Artikel 59a

████████

Artikel 60

(1) ███████████████████████████████
██████████████████████████

(2) ██████████████████████████

(3) ████████████████████████

(4) ███████████████████████████████
████████

Artikel 61

(1) ███████████████████████████████
███████████████████████████████████
███████████████████████████████████
███████████████████████████████████
███████████████████████████████████
███████████████████████████████████
███████████████████████████████████
████████████████████

(2) ███████████████████████████████
███████████████████████████████████
███████████████████████████████████
███████████████████████████████████

VI.
Die Bundesregierung

Artikel 62

███████████████████████████████████

2. Grundgesetz für die Bundesrepublik Deutschland

Artikel 63

(1) ███████████████████████████████
███████████

(2) ███████████████████████████████
███████████████████████████

(3) ███████████████████████████████
███████████████████████████████
██

(4) ███████████████████████████████
███████████████████████████████
███████████████████████████████
███████████████████████████████
███████████████████████████████
██████████

Artikel 64

(1) ██████████████████████████
████████████████████
(2) ███████████████████████████
██████████████

Artikel 65

███████████████████████████████
████████████████████
███████████████████████████
████████████████████████
█████████████

Artikel 65a

(1) ███████████████████████████████
██████
(2) ██████████

Artikel 66

███████████████████████████████
███████████████████████████████
███████████████████████████████

2. Grundgesetz für die Bundesrepublik Deutschland

Artikel 67

(1)

(2)

Artikel 68

(1)

(2)

Artikel 69

(1)
(2)

(3)

VII.
Die Gesetzgebung des Bundes

Artikel 70

(1)

(2)

Artikel 71

2. Grundgesetz für die Bundesrepublik Deutschland

Artikel 72

(1) ▬▬▬▬▬▬▬▬▬▬▬▬▬▬▬

(2) ▬▬▬▬▬▬▬▬▬▬▬▬▬▬▬

(3) ▬▬▬▬▬▬▬▬

1. ▬▬▬
2. ▬▬▬▬
3. ▬
4. ▬
5. ▬▬
6. ▬▬▬▬▬

(4) ▬▬▬

Artikel 73

(1) ▬▬

1. ▬▬

BLACK_ED OUT

2. Grundgesetz für die Bundesrepublik Deutschland

2.
███████████████████

3.
██
████████████████████████

4.
███

5.
██
██
████████████████████████

5a.
███████████████████████████████████████

6.
████████████

6a.
██
██
██
████████████████

7.
██████████████████

8.
██
████████████████████████████

9.
██████████████████████████████████

9a.
██
██
██
████████████████████████

10.
██████████████████████████████

a)
██████████████████

b)

2. Grundgesetz für die Bundesrepublik Deutschland

c)

11.

12.

13.

14.

(2)

Artikel 74

(1)

1.

2.

3.

4.

5.

2. Grundgesetz für die Bundesrepublik Deutschland

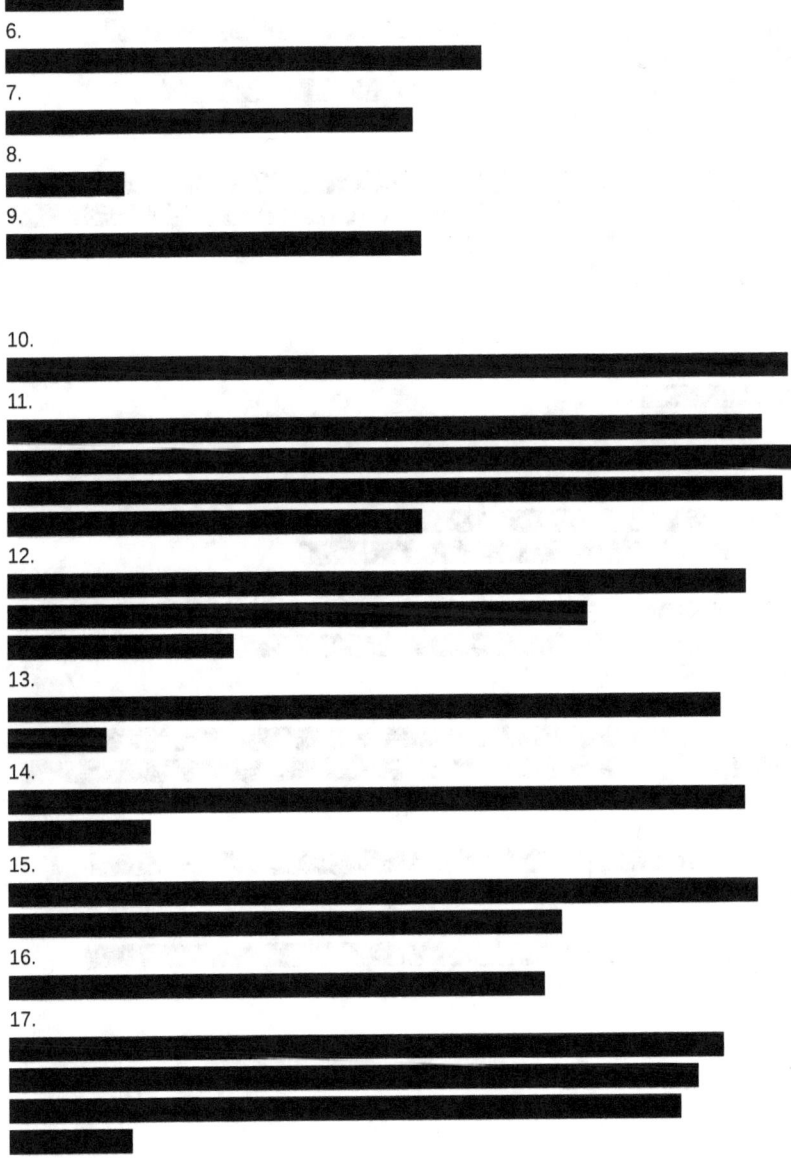

2. Grundgesetz für die Bundesrepublik Deutschland

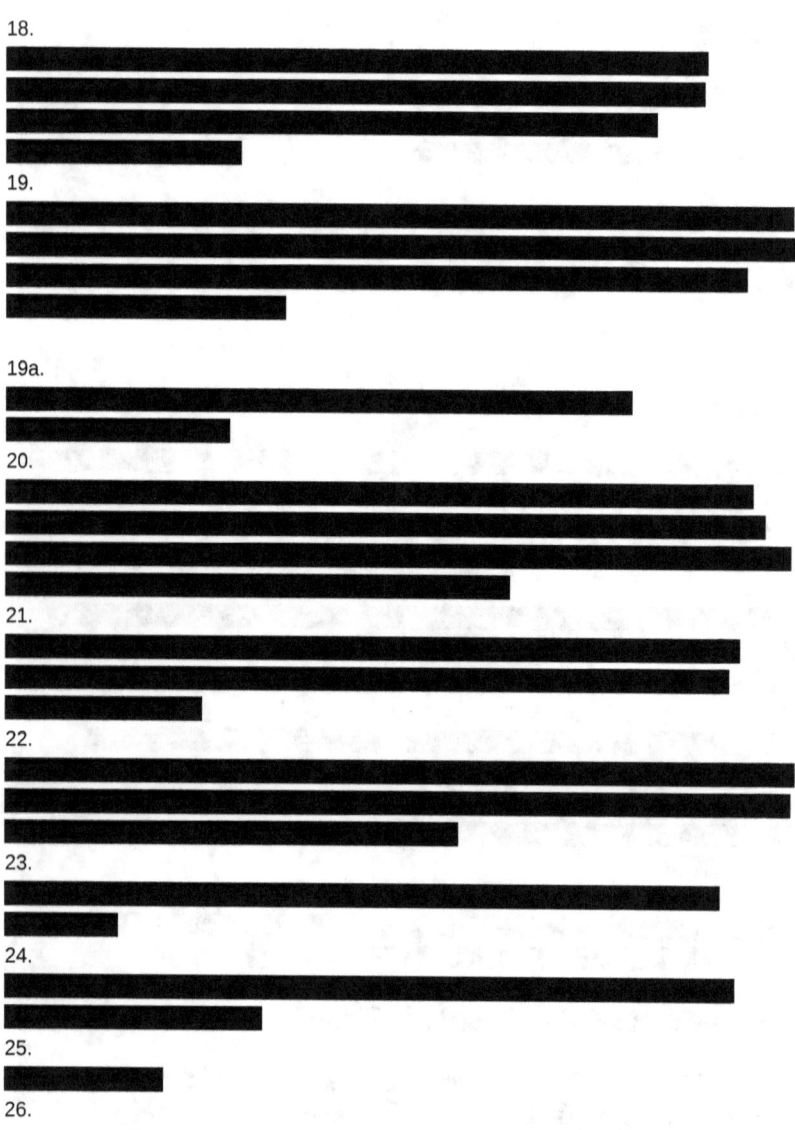

2. Grundgesetz für die Bundesrepublik Deutschland

27.

28.

29.

30.

31.

32.

33.

(2)

Artikel 74a und 75

Artikel 76

(1)

(2)

2. Grundgesetz für die Bundesrepublik Deutschland

(3) ▮

Artikel 77

(1) ▮

(2) ▮

(2a) ▮

(3) ▮

2. Grundgesetz für die Bundesrepublik Deutschland

(4) ███

Artikel 78

███

Artikel 79

(1) ███

(2) ███

(3) ███

Artikel 80

(1) ███

(2) ███

2. Grundgesetz für die Bundesrepublik Deutschland

(3)

(4)

Artikel 80a

(1)

(2)

(3)

Artikel 81

(1)

(2)

2. Grundgesetz für die Bundesrepublik Deutschland

(3) █████████████████████████████████
████████████████████████████████████
████████████████████████████████████
████████████████████████████████████
███████████████████████

(4) ████████████████████████████████
████████████████████████████████████

Artikel 82

(1) ████████████████████████████████
██████████████████████████████
████████████████████████████████████
████████████████████████████████████
███████

(2) ████████████████████████████████
████████████████████████████████████
████████████████████████████

VIII.
Die Ausführung der Bundesgesetze und die Bundesverwaltung

Artikel 83

████████████████████████████████████
████████████████████████

Artikel 84

(1) ████████████████████████████████
████████████████████████████████████
████████████████████████████████████
████████████████████████████████████
████████████████████████████████████
████████████████████████████████████
████████████████████████████████████
██████████████████████████████
████████████████████████████████████
███████████████████████████████
████████████████████████

2. Grundgesetz für die Bundesrepublik Deutschland

(2) ███████████████████████
███████████

(3) ███████████████████████████
███████████████████████████
███████████████████████████
███████████████████████████
█████████

(4) ███████████████████████████
███████████████████████████
███████████████████████████
██████████████████████

(5) ██████████████████████
███████████████████████████
██████████████████████
████████████████████████
████

Artikel 85

(1) ████████████████████████
███████████████████████████
███████████████████████████
█████████████████████

(2) ██████████████████████████
███████████████████████████
██████████████████████████
██

(3) ██████████████████████
███████████████████████████
███████████████████

(4) ██████████████████████
███████████████████████████
████████████████

Artikel 86

███████████████████████
███████████████████████████
███████████████████████████

2. Grundgesetz für die Bundesrepublik Deutschland

Artikel 87

(1) ███████
███████
███████

(2) ███████
███████

(3) ███████
███████

Artikel 87a

(1) ███████
(2) ███████
(3) ███████
███████

2. Grundgesetz für die Bundesrepublik Deutschland

(4)

Artikel 87b

(1)

(2)

Artikel 87c

Artikel 87d

(1)

2. Grundgesetz für die Bundesrepublik Deutschland

(2) █████████████████████████████████████
████████████████████████████████

Artikel 87e

(1) ████████████████████████████████████
██████████████████████
██
(2) ████████████████████████████████████
███████████████████████████████████
███████████
(3) █████████████████████████████████████
██
██
████████████████████████████████████
██
████████████████████████████████████
(4) █████████████████████████████████████
██
██
██
████████████████
(5) █████████████████████████████████████
████████████████████████████████████
██
████████████████████████████████████
██████████████████████

Artikel 87f

(1) █████████████████████████████████████
██
████████████████████████
(2) █████████████████████████████████████
████████████████████████████████████
███
████████████████████████████████████
██████

2. Grundgesetz für die Bundesrepublik Deutschland

(3) ███

Artikel 88

███

Artikel 89

(1) ███
(2) ███

(3) ███

Artikel 90

(1) ███
(2) ███

(3) ███

2. Grundgesetz für die Bundesrepublik Deutschland

(4) ▇▇▇▇▇▇▇▇▇▇▇▇▇▇▇▇▇▇

Artikel 91

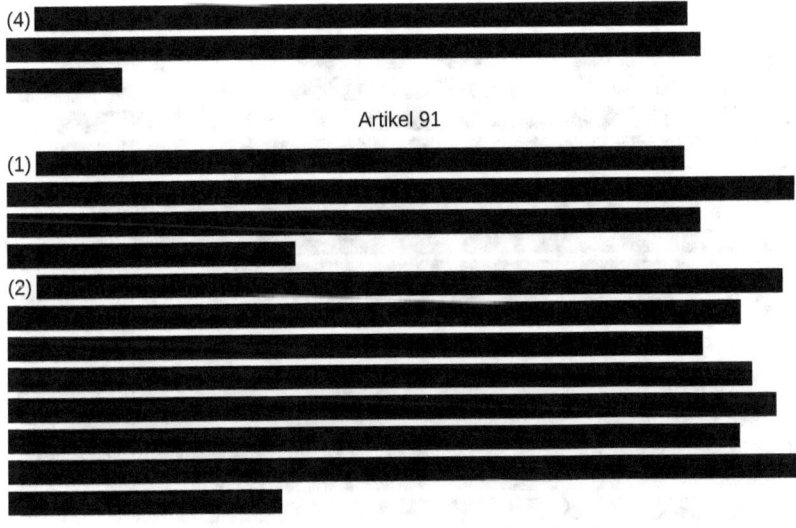

VIIIa.
Gemeinschaftsaufgaben, Verwaltungszusammenarbeit

Artikel 91a

2. Grundgesetz für die Bundesrepublik Deutschland

Artikel 91b

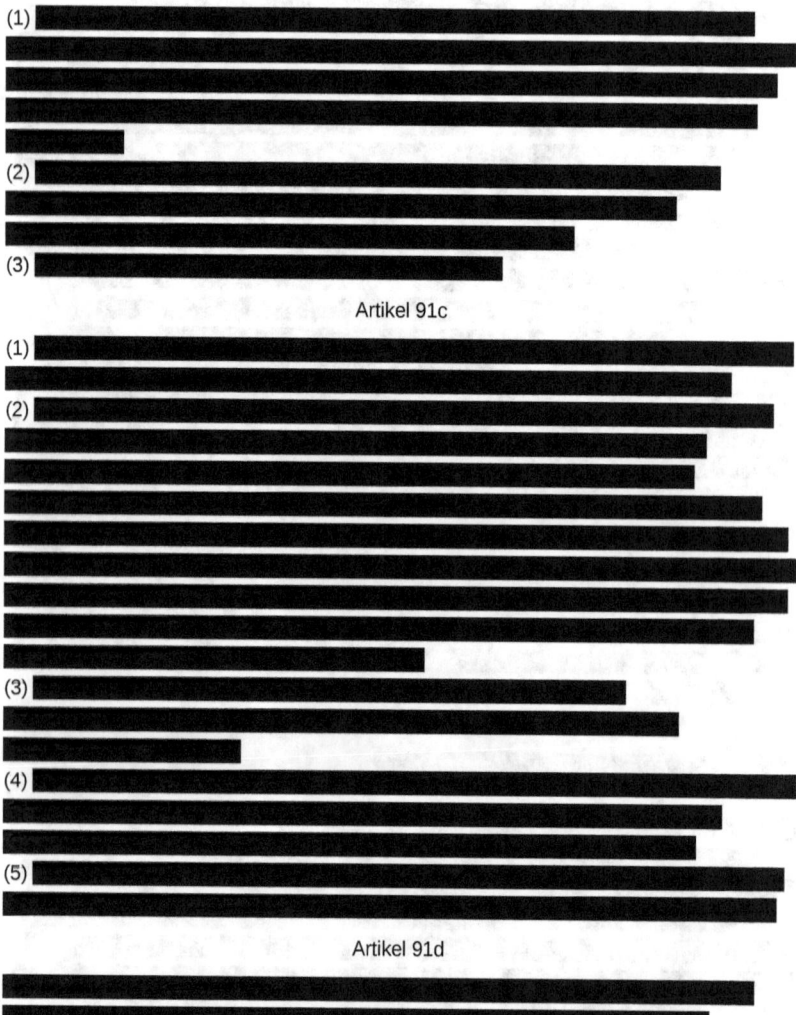

Artikel 91c

Artikel 91d

BLACK_ED OUT

2. Grundgesetz für die Bundesrepublik Deutschland

Artikel 91e

(1) ▄▄▄▄▄▄▄▄▄▄▄▄▄▄▄▄▄▄▄▄▄▄▄▄▄▄▄▄▄▄▄▄▄▄▄

(2) ▄▄▄▄▄▄▄▄▄▄▄▄▄▄▄▄▄▄▄▄▄▄▄▄▄▄▄▄▄▄▄▄▄▄▄

(3) ▄▄▄▄▄▄▄▄▄▄▄▄▄

IX.
Die Rechtsprechung

Artikel 92

▄▄▄▄▄▄▄▄▄▄▄▄▄▄▄▄▄▄▄▄▄▄▄▄▄▄▄▄▄▄▄▄▄▄▄

Artikel 93

(1) ▄▄▄▄▄▄▄

1. ▄▄▄▄▄▄▄▄▄▄▄▄▄▄▄▄▄▄▄▄▄▄▄▄▄▄▄▄▄▄▄

2. ▄▄▄▄▄▄▄▄▄▄▄▄▄▄▄▄▄▄▄▄▄▄▄▄▄▄▄▄▄▄▄

2a. ▄▄▄▄▄▄▄▄▄▄▄▄▄▄▄▄▄▄▄▄▄▄▄▄▄▄▄▄▄

3.

2. Grundgesetz für die Bundesrepublik Deutschland

Artikel 94

2. Grundgesetz für die Bundesrepublik Deutschland

(2) ███

Artikel 95

(1) ███

(2) ███

(3) ███

Artikel 96

(1) ███

(2) ███

(3) ███

(4) ███

(5) ███

1.

2. Grundgesetz für die Bundesrepublik Deutschland

2.
▓▓▓▓▓▓▓▓▓▓▓▓▓▓▓▓▓▓▓▓▓▓▓▓▓▓
3.
▓▓▓▓▓▓▓▓▓
4.
▓▓▓▓▓▓▓▓▓▓▓▓▓▓▓▓▓▓▓▓▓▓▓▓▓▓▓▓▓▓▓▓▓▓▓▓▓
▓▓▓▓▓▓▓▓▓▓▓▓▓▓▓▓▓▓▓▓▓▓▓▓▓▓▓▓▓
5.
▓▓▓▓▓▓▓

Artikel 97

(1) ▓▓▓▓▓▓▓▓▓▓▓▓▓▓▓▓▓▓▓▓▓▓▓
(2) ▓▓▓▓▓▓▓▓▓▓▓▓▓▓▓▓▓▓▓▓▓▓▓▓▓▓▓▓▓▓▓▓
▓▓▓▓▓▓▓▓▓▓▓▓▓▓▓▓▓▓▓▓▓▓▓▓▓▓▓▓▓▓
▓▓▓▓▓▓▓▓▓▓▓▓▓▓▓▓▓▓▓▓▓▓▓▓▓▓▓▓
▓▓▓▓▓▓▓▓▓▓▓▓▓▓▓▓▓▓▓▓▓▓▓▓▓▓▓▓▓
▓▓▓▓▓▓▓▓▓▓▓▓▓▓▓▓▓▓▓▓▓▓▓▓▓▓▓▓
▓▓▓▓▓▓▓▓▓▓▓▓▓▓▓▓▓▓▓▓▓▓▓▓▓▓▓▓▓▓
▓▓▓▓▓▓▓▓▓▓▓▓▓▓▓▓▓▓▓▓▓▓▓▓▓▓▓▓▓
▓▓▓▓▓▓▓▓▓▓▓▓▓▓▓▓▓▓▓▓▓▓▓▓▓▓▓▓▓▓

Artikel 98

(1) ▓▓▓▓▓▓▓▓▓▓▓▓▓▓▓▓▓▓▓▓▓▓▓▓▓▓▓▓▓
(2) ▓▓▓▓▓▓▓▓▓▓▓▓▓▓▓▓▓▓▓▓▓▓▓▓▓▓▓▓▓
▓▓▓▓▓▓▓▓▓▓▓▓▓▓▓▓▓▓▓▓▓▓▓▓▓▓▓▓▓
▓▓▓▓▓▓▓▓▓▓▓▓▓▓▓▓▓▓▓▓▓▓▓▓▓▓▓▓▓
▓▓▓▓▓▓▓▓▓▓▓▓▓▓▓▓▓▓▓▓▓▓▓▓▓▓▓▓▓
▓▓▓▓▓▓▓▓▓▓▓▓▓▓▓▓▓▓▓▓
(3) ▓▓▓▓▓▓▓▓▓▓▓▓▓▓▓▓▓▓▓▓▓▓▓▓▓▓▓▓▓
▓▓▓▓▓▓▓▓▓▓▓▓▓▓▓▓
(4) ▓▓▓▓▓▓▓▓▓▓▓▓▓▓▓▓▓▓▓▓▓▓▓▓▓▓▓▓▓
▓▓▓▓▓▓▓▓▓▓▓▓▓▓▓▓▓▓▓▓▓▓▓▓▓▓▓▓▓
(5) ▓▓▓▓▓▓▓▓▓▓▓▓▓▓▓▓▓▓▓▓▓▓▓▓▓▓▓▓▓
▓▓▓▓▓▓▓▓▓▓▓▓▓▓▓▓▓▓▓▓▓▓▓▓▓▓▓▓▓
▓▓▓▓▓▓▓▓▓▓▓▓▓▓▓▓

Artikel 99

▓▓▓▓▓▓▓▓▓▓▓▓▓▓▓▓▓▓▓▓▓▓▓▓▓▓▓▓▓▓
▓▓▓▓▓▓▓▓▓▓▓▓▓▓▓▓▓▓▓▓▓▓▓▓▓▓▓▓▓

BLACK_ED OUT

2. Grundgesetz für die Bundesrepublik Deutschland

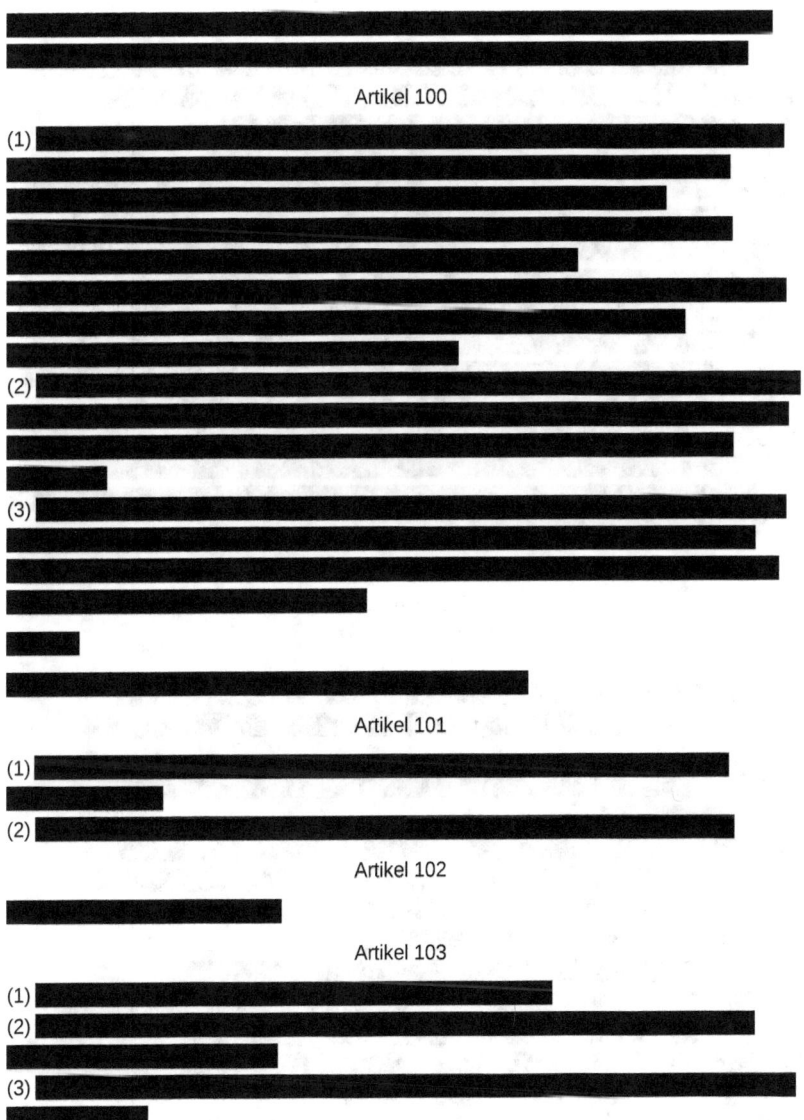

2. Grundgesetz für die Bundesrepublik Deutschland

Artikel 104

X.
Das Finanzwesen

Artikel 104a

2. Grundgesetz für die Bundesrepublik Deutschland

Artikel 104b

(3) ██████████████████████████████████
██████████████████████████

Artikel 104c

██████████████████████████████
██████████████████████████████████
██████████████████████████████████

Artikel 105

(1) ██████████████████████████████████
(2) ██████████████████████████████████
██████████████████████████████████
████████████

(2a) ████████████████████████████
██████████████████████████████
██████████████████████████████
████████████

(3) ████████████████████████████
██████████████████████████████
████████

Artikel 106

(1) ██████████████████████████████████
████████

1. ██████
2. ██████████████████████████████
██████████████████████████
3. ██████████████████████████████████
████████████████████
4. ██████████████████████████
5. ██████████████████████████████████
██████████████
6.

2. Grundgesetz für die Bundesrepublik Deutschland

7.

(2)

1.

2.

3.

4.

5.

(3)

1.

2.

2. Grundgesetz für die Bundesrepublik Deutschland

2. Grundgesetz für die Bundesrepublik Deutschland

(9)

Artikel 106a

Artikel 106b

Artikel 107

(1)

(2)

2. Grundgesetz für die Bundesrepublik Deutschland

Artikel 108

(1)

(2)

(3)

(4)

2. Grundgesetz für die Bundesrepublik Deutschland

(4a)

(5)

(6)
(7)

Artikel 109

(1)
(2)
(3)

BLACK_ED OUT

2. Grundgesetz für die Bundesrepublik Deutschland

(4) ▬

(5) ▬

Artikel 109a

(1) ▬

1. ▬
2. ▬
3. ▬

(2) ▬

(3) ▬

Artikel 110

(1) ▬

2. Grundgesetz für die Bundesrepublik Deutschland

(2)

(3)

(4)

Artikel 111

(1)

a)

b)

c)

(2)

2. Grundgesetz für die Bundesrepublik Deutschland

Artikel 112

Artikel 113

(1)

(2)

(3)

Artikel 114

(1)

(2)

Artikel 115

(1)

2. Grundgesetz für die Bundesrepublik Deutschland

(2)

Xa.
Verteidigungsfall

Artikel 115a

(1)

(2)

2. Grundgesetz für die Bundesrepublik Deutschland

(3)

(4)

(5)

Artikel 115b

Artikel 115c

(1)

(2)

1.

2.

(3)

2. Grundgesetz für die Bundesrepublik Deutschland

(4)

Artikel 115d

(1)

(2)

(3)

Artikel 115e

(1)

(2)

Artikel 115f

(1)

1.

2.

(2)

2. Grundgesetz für die Bundesrepublik Deutschland

Artikel 115g

Artikel 115h

(1)

(2)

(3)

Artikel 115i

(1)

(2)

BLACK_ED OUT

2. Grundgesetz für die Bundesrepublik Deutschland

Artikel 115k

(1) [BLACKED OUT]

(2) [BLACKED OUT]

(3) [BLACKED OUT]

Artikel 115l

(1) [BLACKED OUT]

(2) [BLACKED OUT]

(3) [BLACKED OUT]

XI.
Übergangs- und Schlußbestimmungen

Artikel 116

(1) [BLACKED OUT]

(2) [BLACKED OUT]

2. Grundgesetz für die Bundesrepublik Deutschland

Artikel 117

(1)

(2)

Artikel 118

Artikel 118a

Artikel 119

Artikel 120

(1)

2. Grundgesetz für die Bundesrepublik Deutschland

(2)

Artikel 120a

(1)

(2)

Artikel 121

Artikel 122

(1)

(2)

Artikel 123

(1)

(2)

BLACK_ED OUT

2. Grundgesetz für die Bundesrepublik Deutschland

Artikel 124

Artikel 125

1.

2.

Artikel 125a

(1)

(2)

(3)

Artikel 125b

(1)

2. Grundgesetz für die Bundesrepublik Deutschland

(2)

Artikel 125c

(1)

(2)

Artikel 126

Artikel 127

2. Grundgesetz für die Bundesrepublik Deutschland

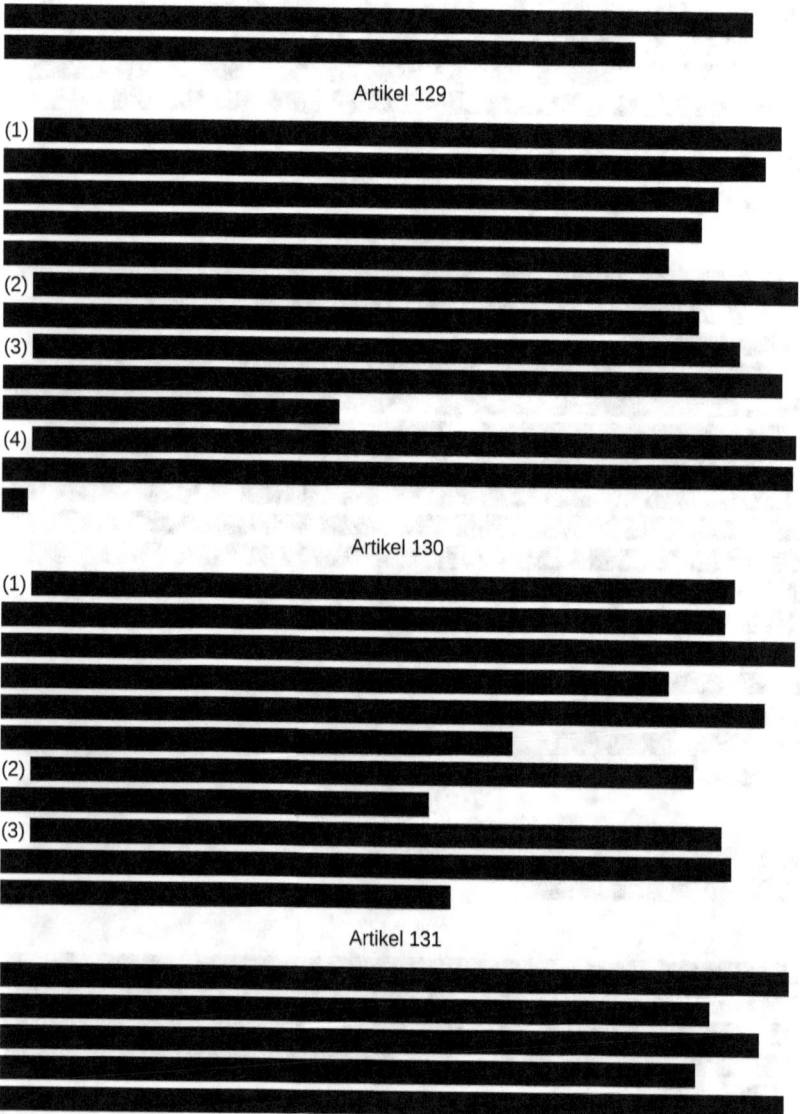

BLACK_ED OUT

2. Grundgesetz für die Bundesrepublik Deutschland

Artikel 132

(1) ██████████

(2) ██████████

(3) ██████████
(4) ██████████

Artikel 133

Artikel 134

(1) ██████████
(2) ██████████

(3) ██████████

BLACK_ED OUT

2. Grundgesetz für die Bundesrepublik Deutschland

(4) ▮

Artikel 135

(1) ▮

(2) ▮

(3) ▮

(4) ▮

(5) ▮

(6) ▮

(7) ▮

Artikel 135a

(1) ▮

1. ▮

2. Grundgesetz für die Bundesrepublik Deutschland

2. ███████████████████████████████
███████████████████████████████
████████████████████████
████████████████████

3. ███████████████████████████████
███████████████████████████████
███████████████████████████████
███████████████████████████████
████████████

(2) █████████████████████████████
███████████████████████████████
███████████████████████████████
███████████████████████████████
███████████████████████████████
███████████████████████████████

Artikel 136

(1) ███████████████████████████████
████
(2) ██████████████████████████████
████

Artikel 137

(1) ███████████████████████████████
███████████████████████████████
████████████
(2) ██████████████████████████████
████
(3) ███████████████████████████████
███████████████████████████████
███████████████████████████████
████

2. Grundgesetz für die Bundesrepublik Deutschland

Artikel 138

Artikel 139

Artikel 140

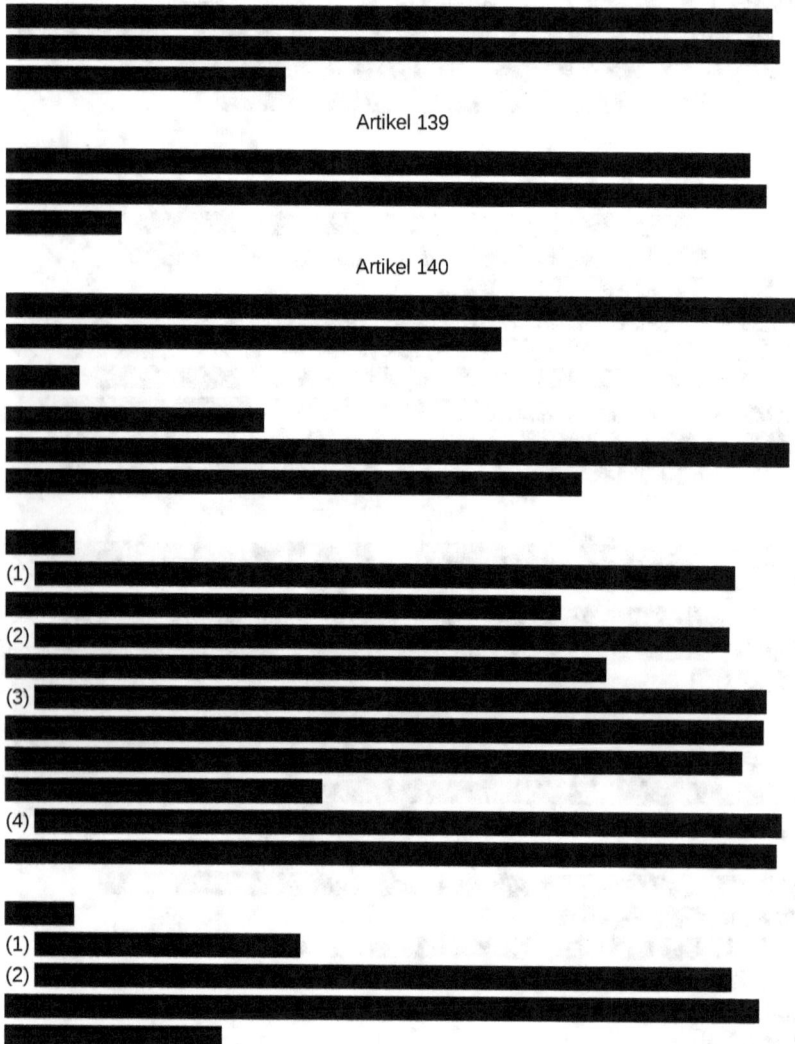

2. Grundgesetz für die Bundesrepublik Deutschland

2. Grundgesetz für die Bundesrepublik Deutschland

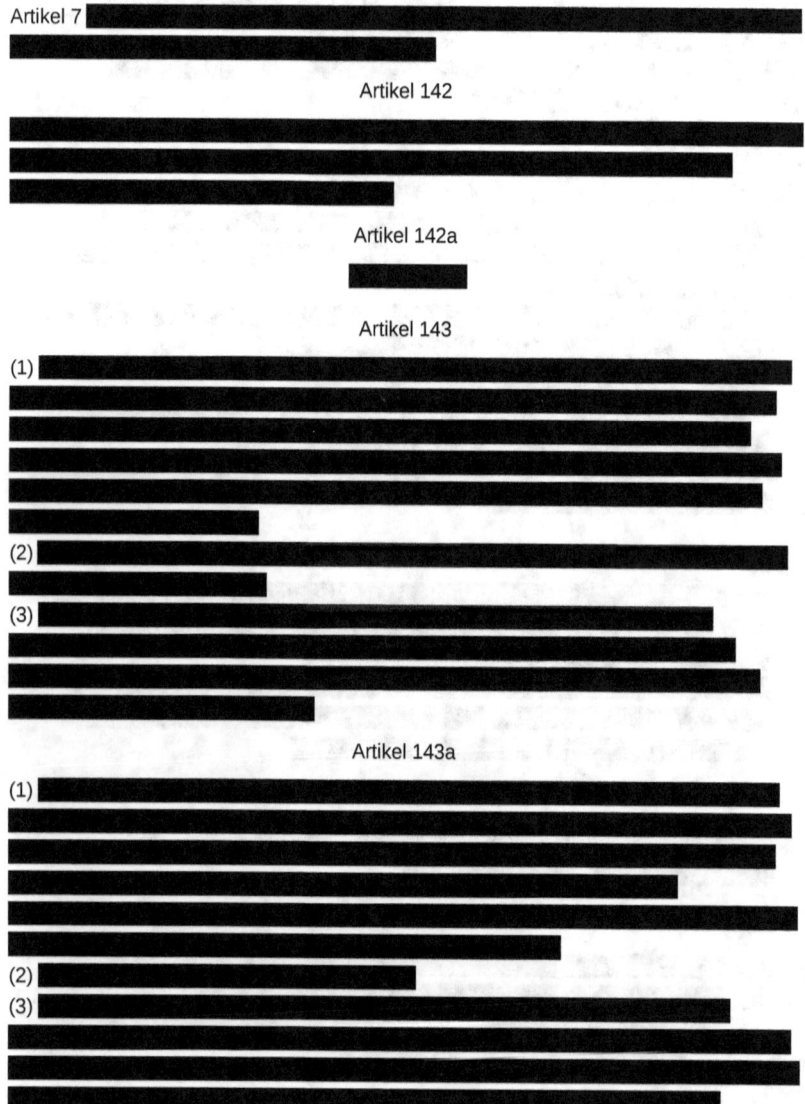

2. Grundgesetz für die Bundesrepublik Deutschland

Artikel 143b

(1) ███████

(2) ███████

(3) ███████

Artikel 143c

(1) ███████

(2) ███████

1. ███████

2. ███████

(3) ███████

2. Grundgesetz für die Bundesrepublik Deutschland

Artikel 143d

2. Grundgesetz für die Bundesrepublik Deutschland

Artikel 143e

(1)

(2)

Artikel 143f

Artikel 143g

Artikel 144

(1)

2. Grundgesetz für die Bundesrepublik Deutschland

(2)

Artikel 145

(1)

(2)
(3)

Artikel 146

Anhang EV

2. Grundgesetz für die Bundesrepublik Deutschland

2. Grundgesetz für die Bundesrepublik Deutschland

2. Grundgesetz für die Bundesrepublik Deutschland

2.

(6)

3. Charta der Grundrechte der Europäischen Union

2012/C 326/02

PRÄAMBEL

TITEL I	WÜRDE DES MENSCHEN
TITEL II	FREIHEITEN
TITEL III	GLEICHHEIT
TITEL IV	SOLIDARITÄT
TITEL V	BÜRGERRECHTE
TITEL VI	JUSTIZIELLE RECHTE
TITEL VII	ALLGEMEINE BESTIMMUNGEN ÜBER DIE AUSLEGUNG

Das Europäische Parlament, der Rat und die Kommission proklamieren feierlich den nachstehenden Text als Charta der Grundrechte der Europäischen Union.

CHARTA DER GRUNDRECHTE DER EUROPÄISCHEN UNION

BLACK_ED OUT

3. Charta der Grundrechte der Europäischen Union

TITEL I
WÜRDE DES MENSCHEN

Artikel 1

Würde des Menschen

Artikel 2

Recht auf Leben

(1) ███
(2) ███

Artikel 3

Recht auf Unversehrtheit

(1) ███
(2) ███

a) ███
b) ███
c) ███
d) ███

Artikel 4

Verbot der Folter und unmenschlicher oder erniedrigender Strafe oder Behandlung

███

3. Charta der Grundrechte der Europäischen Union

Artikel 5

Verbot der Sklaverei und der Zwangsarbeit

(1) ███████████████████████████████████
(2) █████████████████████████████████████
(3) ███████████████

TITEL II
FREIHEITEN

Artikel 6

Recht auf Freiheit und Sicherheit

████████████████████████████

Artikel 7

Achtung des Privat- und Familienlebens

████████████████████████████████
██████████████

Artikel 8

Schutz personenbezogener Daten

(1) ████████████████████████████████
████
(2) ████████████████████████████████
████████████████████████████████
████████████████████████████████
████████████████████████████████
████████████████████████████████
(3) ████████████████████████████████

BLACK_ED OUT

3. Charta der Grundrechte der Europäischen Union

Artikel 9

Recht, eine Ehe einzugehen und eine Familie zu gründen

███████████████████████████████████████
███████████████████████████████████████

Artikel 10

Gedanken-, Gewissens- und Religionsfreiheit

(1) ███████████████████████████████████
███████████████████████████████████████
███████████████████████████████████████
███████████████████████████████████████

(2) ███████████████████████████████████
███████████████████████████████████████

Artikel 11

Freiheit der Meinungsäußerung und Informationsfreiheit

(1) ███████████████████████████████████
███████████████████████████████████████
███████████████████████████████████████

(2) ███████████████████████████████████

Artikel 12

Versammlungs- und Vereinigungsfreiheit

(1) ███████████████████████████████████
███████████████████████████████████████
███████████████████████████████████████
███████████████████████████████████████
██████

(2) ███████████████████████████████████
███████████████████████████████████████

BLACK_ED OUT

3. Charta der Grundrechte der Europäischen Union

Artikel 13

Freiheit der Kunst und der Wissenschaft

████████████████████████████████

Artikel 14

Recht auf Bildung

(1) ████████████████████████████████
████████████

(2) ████████████████████████████████
████████████

(3) ████████████████████████████████
████████████████████████████████
████████████████████████████████
████████████████████████████████
████████████████████████████████
████████████████

Artikel 15

Berufsfreiheit und Recht zu arbeiten

(1) ████████████████████████████████
██████████████

(2) ████████████████████████████████
████████████████████████████████

(3) ████████████████████████████████
████████████████████████████████
██████████████████

Artikel 16

Unternehmerische Freiheit

████████████████████████████████
██████████████

3. Charta der Grundrechte der Europäischen Union

Artikel 17

Eigentumsrecht

(1) █████████████████████████████
████████████████████████████████
████████████████████████████████
████████████████████████████████
████████████████████████████████
████████████████████████████████
████████████████████████████████
██████████

(2) ████████████████████████

Artikel 18

Asylrecht

████████████████████████████████
████████████████████████████████
████████████████████████████████
████████████████████████████████

Artikel 19

Schutz bei Abschiebung, Ausweisung und Auslieferung

(1) ████████████████████████████
(2) ████████████████████████████
████████████████████████████████
████████████████████████████████
████████

TITEL III
GLEICHHEIT

Artikel 20

Gleichheit vor dem Gesetz

████████████████████████

3. Charta der Grundrechte der Europäischen Union

Artikel 21

Nichtdiskriminierung

(1) ▮▮

(2) ▮▮

Artikel 22

Vielfalt der Kulturen, Religionen und Sprachen

▮▮▮▮▮▮▮▮▮▮▮▮▮▮▮▮▮▮▮▮▮▮▮▮▮▮▮▮▮▮▮▮

Artikel 23

Gleichheit von Frauen und Männern

▮▮

Artikel 24

Rechte des Kindes

(1) ▮▮

(2) ▮▮▮▮▮▮▮▮▮▮▮▮▮▮▮▮▮▮▮▮▮▮▮▮▮▮▮▮

(3) ▮▮▮▮▮▮▮▮▮▮▮▮▮▮▮▮▮▮▮▮▮▮▮▮▮▮▮▮

BLACK_ED OUT

Artikel 25

Rechte älterer Menschen

Artikel 26

Integration von Menschen mit Behinderung

TITEL IV
SOLIDARITÄT

Artikel 27

Recht auf Unterrichtung und Anhörung der Arbeitnehmerinnen und Arbeitnehmer im Unternehmen

Artikel 28

Recht auf Kollektivverhandlungen und Kollektivmaßnahmen

3. Charta der Grundrechte der Europäischen Union

Artikel 29

Recht auf Zugang zu einem Arbeitsvermittlungsdienst

Artikel 30

Schutz bei ungerechtfertigter Entlassung

Artikel 31

Gerechte und angemessene Arbeitsbedingungen

(1)

(2)

Artikel 32

Verbot der Kinderarbeit und Schutz der Jugendlichen am Arbeitsplatz

3. Charta der Grundrechte der Europäischen Union

Artikel 33

Familien- und Berufsleben

(1) ▬
(2) ▬

Artikel 34

Soziale Sicherheit und soziale Unterstützung

(1) ▬

(2) ▬

(3) ▬

Artikel 35

Gesundheitsschutz

3. Charta der Grundrechte der Europäischen Union

Artikel 36

Zugang zu Dienstleistungen von allgemeinem wirtschaftlichen Interesse

Artikel 37

Umweltschutz

Artikel 38

Verbraucherschutz

TITEL V
BÜRGERRECHTE

Artikel 39

Aktives und passives Wahlrecht bei den Wahlen zum Europäischen Parlament

(1)

(2)

3. Charta der Grundrechte der Europäischen Union

Artikel 40

Aktives und passives Wahlrecht bei den Kommunalwahlen

Artikel 41

Recht auf eine gute Verwaltung

(1)

(2)
a)
b)

c)
(3)

(4)

Artikel 42

Recht auf Zugang zu Dokumenten

3. Charta der Grundrechte der Europäischen Union

Artikel 43

Der Europäische Bürgerbeauftragte

Artikel 44

Petitionsrecht

Artikel 45

Freizügigkeit und Aufenthaltsfreiheit

(1)

(2)

Artikel 46

Diplomatischer und konsularischer Schutz

TITEL VI
JUSTIZIELLE RECHTE

Artikel 47

Recht auf einen wirksamen Rechtsbehelf und ein unparteiisches Gericht

Artikel 48

Unschuldsvermutung und Verteidigungsrechte

(1)

(2)

Artikel 49

Grundsätze der Gesetzmäßigkeit und der Verhältnismäßigkeit im Zusammenhang mit Straftaten und Strafen

(1)

(2)

3. Charta der Grundrechte der Europäischen Union

(3) ▮▮▮▮▮▮▮▮▮▮▮▮▮▮▮▮▮▮▮▮▮▮▮▮▮

Artikel 50

Recht, wegen derselben Straftat nicht zweimal strafrechtlich verfolgt oder bestraft zu werden

▮▮▮▮▮▮▮▮▮▮▮▮▮▮▮▮▮▮▮▮▮▮▮▮▮▮▮▮▮
▮▮▮▮▮▮▮▮▮▮▮▮▮▮▮▮▮▮▮▮▮▮▮▮▮▮▮▮▮
▮▮▮▮▮▮▮▮▮▮▮▮▮

TITEL VII
ALLGEMEINE BESTIMMUNGEN ÜBER DIE AUSLEGUNG UND ANWENDUNG DER CHARTA

Artikel 51

Anwendungsbereich

(1) ▮▮▮▮▮▮▮▮▮▮▮▮▮▮▮▮▮▮▮▮▮▮▮▮▮
▮▮▮▮▮▮▮▮▮▮▮▮▮▮▮▮▮▮▮▮▮▮▮▮▮▮▮▮▮
▮▮▮▮▮▮▮▮▮▮▮▮▮▮▮▮▮▮▮▮▮▮▮▮▮▮▮▮▮
▮▮▮▮▮▮▮▮▮▮▮▮▮▮▮▮▮▮▮▮▮▮▮▮▮▮▮▮▮
▮▮▮▮▮▮▮▮▮▮▮▮▮▮▮▮▮▮▮▮▮▮▮▮▮▮▮▮▮
▮▮▮▮▮▮▮▮▮▮▮▮▮

(2) ▮▮▮▮▮▮▮▮▮▮▮▮▮▮▮▮▮▮▮▮▮▮▮▮▮
▮▮▮▮▮▮▮▮▮▮▮▮▮▮▮▮▮▮▮▮▮▮▮▮▮▮▮▮▮
▮▮▮▮▮▮▮▮▮▮▮▮▮▮▮▮▮▮▮▮▮▮▮▮▮▮▮▮▮
▮▮▮▮▮▮▮▮▮▮▮▮▮

Artikel 52

Tragweite und Auslegung der Rechte und Grundsätze

(1) ▮▮▮▮▮▮▮▮▮▮▮▮▮▮▮▮▮▮▮▮▮▮▮▮▮
▮▮▮▮▮▮▮▮▮▮▮▮▮▮▮▮▮▮▮▮▮▮▮▮▮▮▮▮▮
▮▮▮▮▮▮▮▮▮▮▮▮▮▮▮▮▮▮▮▮▮▮▮▮▮▮▮▮▮

BLACK_ED OUT

3. Charta der Grundrechte der Europäischen Union

(2)

(3)

(4)

(5)

(6)

(7)

Artikel 53

Schutzniveau

3. Charta der Grundrechte der Europäischen Union

Artikel 54

Verbot des Missbrauchs der Rechte

4. Unabhängigkeitserklärung der Vereinigten Staaten von Amerika vom 4. Juli 1776

Unabhängigkeits-Erklärung der Vereinigten Staaten gegeben im Kongreß am 4. Juli 1776

Einstimmige Erklärung der dreizehn Vereinigten Staaten von Nord-Amerika

Wenn im Laufe menschlicher Begebenheiten ein Volk genöthigt wird, die politischen Bande aufzulösen, die es bisher mit einem anderen vereinten, und unter den Mächten der Erde die gesonderte und gleiche Stellung einzunehmen, zu welcher es durch die Gesetze der Natur und des Schöpfers derselben berechtigt ist, so erheischt die geziemende Achtung vor den Meinungen des Menschengeschlechts, daß es die Ursachen öffentlich verkünde, welche jene Trennung veranlassen.

BLACK_ED OUT

4. Unabhängigkeitserklärung der Vereinigten Staaten von Amerika vom 4. Juli 1776

4. Unabhängigkeitserklärung der Vereinigten Staaten von Amerika vom 4. Juli 1776

4. Unabhängigkeitserklärung der Vereinigten Staaten von Amerika vom 4. Juli 1776

[██]
[██]
[██]
[██████████████████████████████]

[██]
[██]
[████████████████████████████████]
[██]
[████████████████████████████████]
[██]
[██]
[██]
[██]
[██]
[██]
[████████]

[██]
[██]
[████████████████████████████]
[██]
[██]
[██]
[██]
[██]
[██]
[██]
[██]
[██████████████████████████]

John Hancock, Präsident
Charles Thompson, Sekretär

BLACK_ED OUT

5. Verfassung der Vereinigten Staaten von Amerika vom 17. September 1787

Wir, das Volk der Vereinigten Staaten, von der Absicht geleitet, unseren Bund zu vervollkommnen, Gerechtigkeit zu verwirklichen, die Ruhe im Innern zu sichern, für die Landesverteidigung zu sorgen, die allgemeine Wohlfahrt zu fördern und das Glück der Freiheit uns selbst und unseren Nachkommen zu bewahren, setzen diese Verfassung für die Vereinigten Staaten von Amerika in Geltung.

Artikel 1

Abschnitt 1. ███████████████████████████████████████
██
████████████████

Abschnitt 2. (1) ████████████████████████████████████
██
██
█████████████████████████████████████

(2) ██
██
██
██████████████████████

(3) ██
██
██
██
██
██
██
██
██
██
██
██

BLACK_ED OUT

5. Verfassung der Vereinigten Staaten von Amerika vom 17. September 1787

5. Verfassung der Vereinigten Staaten von Amerika vom 17. September 1787

(7)

Abschnitt 4. (1)

(2)

Abschnitt 5. (1)

(2)

(3)

(4)

5. Verfassung der Vereinigten Staaten von Amerika vom 17. September 1787

Abschnitt 6. (1)

(2)

Abschnitt 7. (1)

(2)

(3)

5. Verfassung der Vereinigten Staaten von Amerika vom 17. September 1787

Abschnitt 8. (1)

(2)
(3)
(4)
(5)
(6)
(7)
(8)
(9)
(10)
(11)
(12)
(13)
(14)

5. Verfassung der Vereinigten Staaten von Amerika vom 17. September 1787

5. Verfassung der Vereinigten Staaten von Amerika vom 17. September 1787

(5)

(6)

(7)

(8)

Abschnitt 10. (1)

(2)

(3)

Artikel II

Abschnitt 1. (1)

5. Verfassung der Vereinigten Staaten von Amerika vom 17. September 1787

5. Verfassung der Vereinigten Staaten von Amerika vom 17. September 1787

(6)

(7)

(8)

Abschnitt 2. (1)

5. Verfassung der Vereinigten Staaten von Amerika vom 17. September 1787

(2) ███████████████████████████████
███████████████████████████████████████
███████████████████████████████████████
███████████████████████████████████████
████████████████████████████████████
███████████████████████████████████████
███████████████████████████████████████
███████████████████████████████████████
███████████████████████████████████████
███████████████

(3) ██████████████████████████████
███████████████████████████████████████
████████████████████████

Abschnitt 3. ███████████████████████
███████████████████████████████████████
██████████████████████████████████
███████████████████████████████████████
███████████████████████████████████████
███████████████████████████████████████
███████████████████████████████████████
█████████████████

Abschnitt 4. ████████████████████████
███████████████████████████████████████
████████████████████████████
████████████

Artikel III

Abschnitt 1. █████████████████████████
███████████████████████████████████████
███████████████████████████████████████
███████████████████████████████████████
████████████████████████

Abschnitt 2. (1) ██████████████████████
██████████████████████

5. Verfassung der Vereinigten Staaten von Amerika vom 17. September 1787

(2)

(3)

Abschnitt 3. (1)

(2)

Artikel IV

Abschnitt 1.

5. Verfassung der Vereinigten Staaten von Amerika vom 17. September 1787

Abschnitt 2. (1)

(2)

(3)

Abschnitt 3. (1)

(2)

Abschnitt 4.

Artikel V

BLACK_ED OUT

Artikel VI

Artikel VI

5. Verfassung der Vereinigten Staaten von Amerika vom 17. September 1787

███████████████████████████████████████
██████████████████████████████████
████████████████████████████████
████████████████████████████
█████████████████
████████████████████████████████████
███████████████████████████████████
████████████████████████████████████
████████████████████████████████
████████████████████████████████
██████████████████████

████████████████████████████████████
████████████████████████████████
████████████████

George Washington
Präsident und Abgeordneter von Virginia

Artikel 1. ███████████████████████████████
████████████████████████████████
████████████████████████████████
████████████████████████████

Artikel 2. ███████████████████████████████
████████████████████████
██████

Artikel 3. ███████████████████████████████
████████████████████████████
████████████████

BLACK_ED OUT

5. Verfassung der Vereinigten Staaten von Amerika vom 17. September 1787

Artikel 4.

Artikel 5.

Artikel 6.

Artikel 7.

Artikel 8.

5. Verfassung der Vereinigten Staaten von Amerika vom 17. September 1787

Artikel 9.

Artikel 10.

Artikel 11.

Artikel 12.

5. Verfassung der Vereinigten Staaten von Amerika vom 17. September 1787

Artikel 13.

Abschnitt 1.

5. Verfassung der Vereinigten Staaten von Amerika vom 17. September 1787

Artikel 14

BLACK_ED OUT

5. Verfassung der Vereinigten Staaten von Amerika vom 17. September 1787

Abschnitt 3.

Abschnitt 4.

5. Verfassung der Vereinigten Staaten von Amerika vom 17. September 1787

Artikel 15

Abschnitt 1. ███████████████████████████████████
███████████████████████████████████
███████████████

Abschnitt 2. ███████████████████████████████
██████████

███████████████████████████████████
██████████████

███████████████████████████████████
███████████████████████████████████
███████████████████████████████████
███████████████████████████████████
███████████████████████████████████
███████████████████████████████████
█████████████

Artikel 16. █████████████████████████████████
███████████████████████████████████
██

███████████████████████████████████
███████████████

███████████████████████████████████
███████████████████████████████████
███████████████████████████████████
███████████████████████████████████
███████████████████████████████████
███████████████████████████████████
███████████████████████████████████
█████████

BLACK_ED OUT

5. Verfassung der Vereinigten Staaten von Amerika vom 17. September 1787

Artikel 17.

Artikel 18

Abschnitt 1.

5. Verfassung der Vereinigten Staaten von Amerika vom 17. September 1787

Abschnitt 2.

Abschnitt 3.

Artikel 19.

5. Verfassung der Vereinigten Staaten von Amerika vom 17. September 1787

Artikel 20

Abschnitt 1.

Abschnitt 2.

Abschnitt 3.

Abschnitt 4.

5. Verfassung der Vereinigten Staaten von Amerika vom 17. September 1787

███████████████████████████████████
████████████████

Abschnitt 5. ███████████████████████
████████████████████████

Abschnitt 6. █████████████████████████████
███████████████████████████
████████████████████████████████
████████████████████████████████
███████████████████████████████
████████████████████████████████████
█████████████████████████████████
█████████████████████████████████
█████████████████████████████████
████████████████████████████████
█████████████████████████████████
████████████████████████████████
█████████████████████████████████
█████████████████████████████████
███████████████████████████████
████████████████

Artikel 21

Abschnitt 1. ████████████████████████████
████████████

Abschnitt 2. ████████████████████████████
█████████████████████████████████
███████████████████████████████
████████████

Abschnitt 3. ██████████████████████████
█████████████████████████████████
█████████████████████████████████
████████████

BLACK_ED OUT

5. Verfassung der Vereinigten Staaten von Amerika vom 17. September 1787

Artikel 22.

5. Verfassung der Vereinigten Staaten von Amerika vom 17. September 1787

Artikel 23.

Artikel 24

Abschnitt 1.

Abschnitt 2.

5. Verfassung der Vereinigten Staaten von Amerika vom 17. September 1787

███
████████████████████

████████████████████████████████████
███
██
██
██
██
██
██
██
██

Artikel 25

Abschnitt 1. ███████████████████████████
████████████████

Abschnitt 2. ███████████████████████████
██
████████████████

Abschnitt 3. ███████████████████████████
██
██
██

Abschnitt 4. ███████████████████████████
██
██
██
██
████████████████

████████████████████████████████████
████████████████████████████████████
████████████████████████████████████

BLACK_ED OUT

5. Verfassung der Vereinigten Staaten von Amerika vom 17. September 1787

Artikel 26

Abschnitt 1.

Abschnitt 2.

5. Verfassung der Vereinigten Staaten von Amerika vom 17. September 1787

Artikel 27.

5. Verfassung der Vereinigten Staaten von Amerika vom 17. September 1787

Abschnitt 1.

Abschnitt 2.

Abschnitt 1.

Abschnitt 2.

5. Verfassung der Vereinigten Staaten von Amerika vom 17. September 1787

Abschnitt 3. ████████████████████████████████████
████████
██
████████████████████████████████
██

Abschnitt 1. ████████████████████████████████████
██

Abschnitt 2. ████████████████████████████████████
██
████████████

Abschnitt 3. ████████████████████████████████████
████████

Abschnitt 4. ████████████████████████████████████
██
██
██
██
████████████

Die vorstehende Verfassung ist die älteste geschriebene Verfassung und die älteste geltende Verfassung der Welt. Durch ihre flexible Auslegung und ihre wenigen, aber prägnanten Bestimmungen sehr stabil; es bestand stets wenig Änderungsbedarf. Der vorstehenden Verfassung voraus gingen die <u>Konföderationsartikel</u> von 1777 und die <u>Unabhängigkeitserklärung</u> von 1776

6. Erklärung der Menschen und Bürgerrechte in Frankreich vom 26.August 1789

EXTRAIT

DES PROCÈS-VERBAUX

DE

L'ASSEMBLÉE NATIONALE,

Des 20, 21, 22, 23, 24, 26
Août & premier Octobre 1789.

DÉCLARATION DES DROITS DE L'HOMME EN SOCIÉTÉ.

6. Erklärung der Menschen und Bürgerrechte in Frankreich vom 26.August 1789

Article premier.

II.

III.

IV.

V.

VI.

6. Erklärung der Menschen und Bürgerrechte in Frankreich vom 26. August 1789

VII.

VIII.

IX.

X.

XI.

XII.

6. Erklärung der Menschen und Bürgerrechte in Frankreich vom 26.August 1789

XIII.

XIV.

XV.

XVI.

XVII.

7. Charta der Vereinten Nationen vom 26. Juni 1945

Charta der Vereinten Nationen

vom 26. Juni 1945

7. Charta der Vereinten Nationen vom 26. Juni 1945

Dementsprechend haben sich unsere Regierungen durch ihre in der Stadt San Francisco versammelten Vertreter, die ihre in guter und gehöriger Form befundenen Vollmachten vorgewiesen haben, auf die vorliegende Satzung der Vereinten Nationen geeinigt und errichten hiermit eine internationale Organisation, die den Namen "Vereinte Nationen" tragen soll.

Kapitel I.
Ziele und Grundsätze

Artikel 1.

7. Charta der Vereinten Nationen vom 26. Juni 1945

Artikel 2.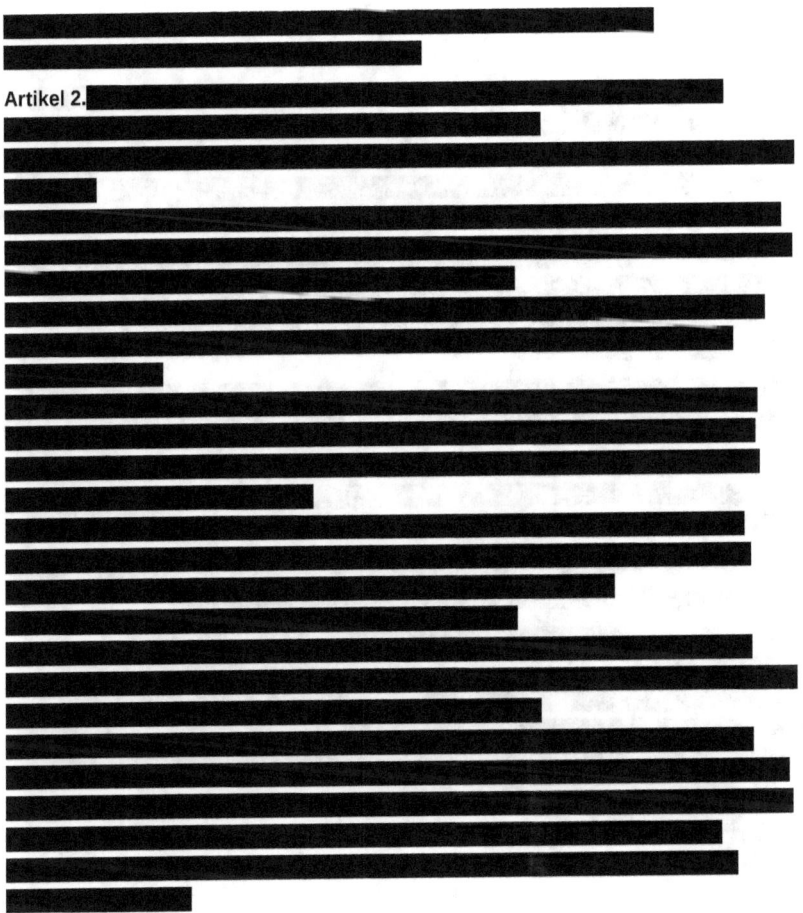

Kapitel II.
Mitgliedschaft

Artikel 3.

Artikel 4. 1.

2.

Artikel 5.

Artikel 6.

Kapitel III.
Organe

Artikel 7. 1.

2.

7. Charta der Vereinten Nationen vom 26. Juni 1945

Artikel 8. ███████████████████████████████████████
██
████████████████████████

Kapitel IV.
Die Generalversammlung

████████████████

Artikel 9. 1. ███████████████████████████████████████
█████

2. ███████████████████████████████████████
████████████████████

Artikel 10. ██████████████████████████████████████
███████████████████████████████████████
███████████████████████████████████████
███████████████████████████████████████
███████████████████████████████████████
██████████████████

Artikel 11. 1. ██████████████████████████████████████
███████████████████████████████████████
███████████████████████████████████████
███████████████████████████████████████
██████████████████████████

2. ███████████████████████████████████████
███████████████████████████████████████
███████████████████████████████████████
███████████████████████████████████████
███████████████████████████████████████
███████████████████████████████████████
███████████████████████████████████████
███████████████████████████████████████

3. ███████████████████████████████████████
███████████████████████████████████████
██████████

7. Charta der Vereinten Nationen vom 26. Juni 1945

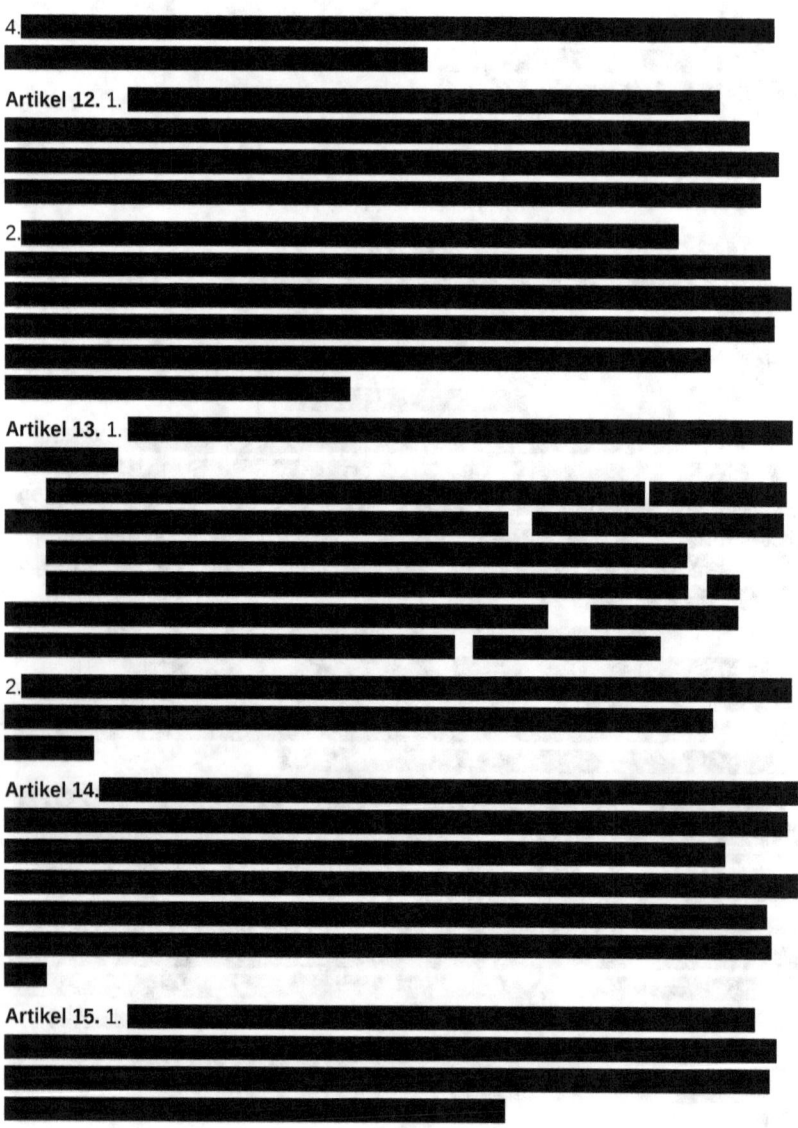

7. Charta der Vereinten Nationen vom 26. Juni 1945

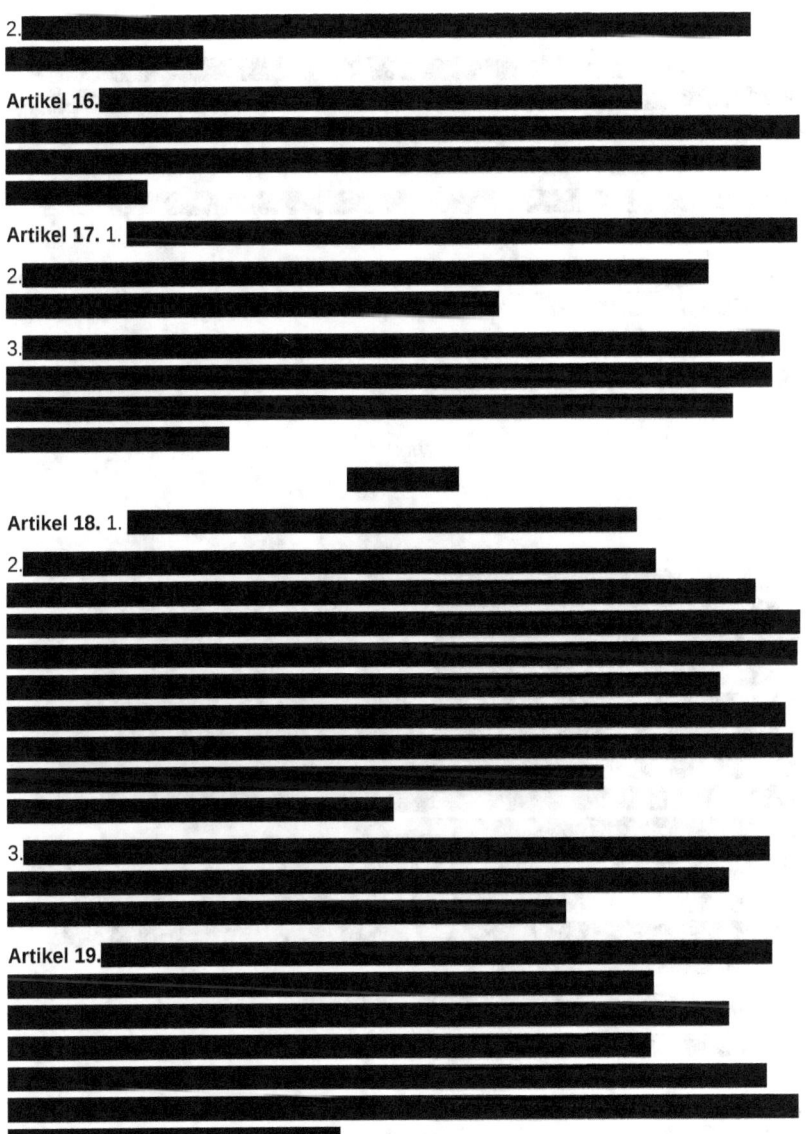

7. Charta der Vereinten Nationen vom 26. Juni 1945

Artikel 20.

Artikel 21.

Artikel 22.

Kapitel V.
Der Sicherheitsrat

Artikel 23. 1.

2.

3.

BLACK_ED OUT

7. Charta der Vereinten Nationen vom 26. Juni 1945

Artikel 24. 1.

2.

3.

7. Charta der Vereinten Nationen vom 26. Juni 1945

Artikel 25.

Artikel 26.

Artikel 27. 1.

2.

3.

Artikel 28. 1.

2.

3.

7. Charta der Vereinten Nationen vom 26. Juni 1945

Artikel 29. ▬▬▬▬▬▬▬▬▬▬▬▬▬▬▬▬▬▬
▬▬▬▬▬▬▬▬▬

Artikel 30. ▬▬▬▬▬▬▬▬▬▬▬▬▬▬▬▬▬▬
▬▬▬▬▬▬▬▬▬▬▬▬

Artikel 31. ▬▬▬▬▬▬▬▬▬▬▬▬▬▬▬▬▬
▬▬▬▬▬▬▬▬▬▬▬▬▬▬▬▬▬▬▬
▬▬▬▬▬▬▬▬▬▬▬▬▬▬▬▬▬▬
▬▬▬▬▬▬

Artikel 32. ▬▬▬▬▬▬▬▬▬▬▬▬▬▬▬▬▬
▬▬▬▬▬▬▬▬▬▬▬▬▬▬▬▬▬▬▬
▬▬▬▬▬▬▬▬▬▬▬▬▬▬▬▬▬▬
▬▬▬▬▬▬▬▬▬▬▬▬▬▬▬▬▬▬▬
▬▬▬▬▬▬▬▬▬▬▬▬▬▬▬▬▬▬
▬▬▬▬▬▬▬▬▬

Kapitel VI.
Friedliche Regelung von Streitigkeiten

Artikel 33. 1. ▬▬▬▬▬▬▬▬▬▬▬▬▬▬▬
▬▬▬▬▬▬▬▬▬▬▬▬▬▬▬▬▬▬▬
▬▬▬▬▬▬▬▬▬▬▬▬▬▬▬▬▬▬▬
▬▬▬▬▬▬▬▬▬▬▬▬▬▬▬▬▬▬
▬▬▬▬▬▬▬▬▬▬▬▬▬▬

2. ▬▬▬▬▬▬▬▬▬▬▬▬▬▬▬▬▬
▬▬▬▬▬▬▬▬▬▬

Artikel 34. ▬▬▬▬▬▬▬▬▬▬▬▬▬▬
▬▬▬▬▬▬▬▬▬▬▬▬▬▬▬▬▬▬▬
▬▬▬▬▬▬▬▬▬▬▬▬▬▬▬▬▬▬
▬▬▬▬▬▬▬▬▬▬▬▬▬▬▬▬▬▬

Artikel 35. 1. ▬▬▬▬▬▬▬▬▬▬▬▬▬
▬▬▬▬▬▬▬▬▬▬▬▬▬▬▬▬
▬▬▬▬▬▬▬▬▬▬▬▬

2. ▬▬▬▬▬▬▬▬▬▬▬▬▬▬▬▬▬
▬▬▬▬▬▬▬▬▬▬▬▬▬▬▬

BLACK_ED OUT

7. Charta der Vereinten Nationen vom 26. Juni 1945

3.

Artikel 36. 1.

2.

3.

Artikel 37. 1.

2.

Artikel 38.

Kapitel VII.
Maßnahmen bei Bedrohung des Friedens, bei Friedensbrüchen und Angriffshandlungen

Artikel 39.

7. Charta der Vereinten Nationen vom 26. Juni 1945

7. Charta der Vereinten Nationen vom 26. Juni 1945

Artikel 44. ███████████████████████████████
██
████████████████████████████████████
██
████████████████████████

Artikel 45. ███████████████████████████████
██
████████████████████████████████████
██
████████████████████████████████████
██
████████████████████████

Artikel 46. ███████████████████████████████
████████████████████████████

Artikel 47. 1. ████████████████████████████
██
████████████████████████████████████
██
████████████████████████

2. ████████████████████████████████████
██
████████████████████████████████████
██
████████████████████

3. ████████████████████████████████████
██
████████████████████████

4. █████████████████████████████████████
██
████████

Artikel 48. 1. ████████████████████████████
██
██
████████████████████████████

BLACK_ED OUT

7. Charta der Vereinten Nationen vom 26. Juni 1945

2.

Artikel 49.

Artikel 50.

Artikel 51.

Kapitel VIII.
Regionale Abkommen

Artikel 52. 1.

2.

3. ▮

4. ▮

Artikel 53. 1. ▮

2. ▮

Artikel 54. ▮

Kapitel IX.
Internationale Zusammenarbeit auf wirtschaftlichem und sozialem Gebiete

Artikel 55. ▮

a) ▮

b) ▮

c) ▮

7. Charta der Vereinten Nationen vom 26. Juni 1945

Artikel 56. ███

Artikel 57. 1. ███

2. ███

Artikel 58. ███

Artikel 59. ███

Artikel 60. ███

Kapitel X.
Der Wirtschafts- und Sozialrat

Artikel 61. 1. ███

2. ███

3. ███

4. ███

7. Charta der Vereinten Nationen vom 26. Juni 1945

Artikel 62. 1.

7. Charta der Vereinten Nationen vom 26. Juni 1945

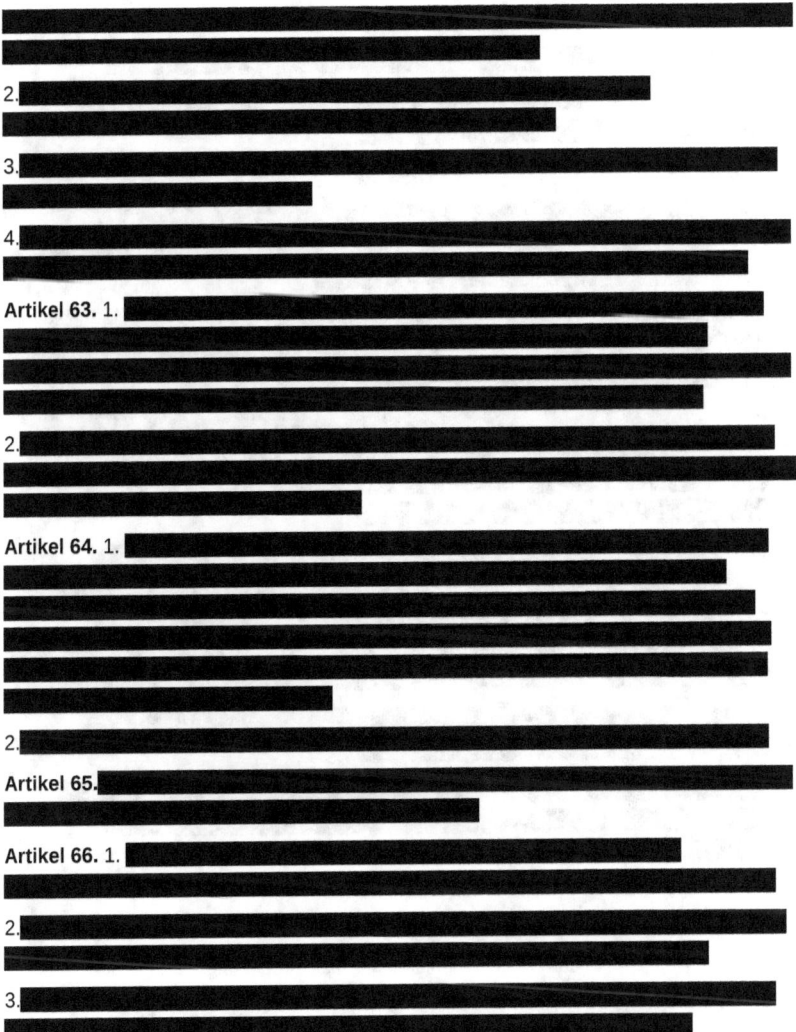

7. Charta der Vereinten Nationen vom 26. Juni 1945

Artikel 67. 1. ███

2. ███

Artikel 68. ███

Artikel 69. ███

Artikel 70. ███

Artikel 71. ███

Artikel 72. 1. ███

2. ███

Kapitel XI.
Erklärung über Gebiete ohne Selbstregierung

Artikel 73. ███

7. Charta der Vereinten Nationen vom 26. Juni 1945

a)

b)

c)
d)

e)

Artikel 74.

Kapitel XII.
Internationales Treuhandschafts-System

Artikel 75.

7. Charta der Vereinten Nationen vom 26. Juni 1945

Artikel 76.

a)
b)

c)

d)

Artikel 77. 1.

a)
b)

c)

2.

Artikel 78.

Artikel 79.

7. Charta der Vereinten Nationen vom 26. Juni 1945

Artikel 80. 1.

2.

Artikel 81.

Artikel 82.

Artikel 83. 1.

2.

3.

Artikel 84.

7. Charta der Vereinten Nationen vom 26. Juni 1945

Artikel 85. 1.

2.

Kapitel XIII.
Der Treuhandschaftsrat

Artikel 86. 1.

  a)
  b)

  c)

2.

Artikel 87.

  a)
  b)

  c)

  d)

7. Charta der Vereinten Nationen vom 26. Juni 1945

Artikel 88.

Artikel 89. 1.

2.

Artikel 90. 1.

2.

Artikel 91.

Kapitel XIV.
Der Internationale Gerichtshof

Artikel 92.

Artikel 93. 1.

2.

7. Charta der Vereinten Nationen vom 26. Juni 1945

Artikel 94. 1.

2.

Artikel 95.

Artikel 96. 1.

2.

Kapitel XV.
Das Sekretariat

Artikel 97.

Artikel 98.

Artikel 99.

7. Charta der Vereinten Nationen vom 26. Juni 1945

Artikel 100. 1.

2.

Artikel 101. 1.

2.

3.

Kapitel XVI.
Verschiedene Bestimmungen

Artikel 102. 1.

2.

Artikel 103.

Artikel 104.

7. Charta der Vereinten Nationen vom 26. Juni 1945

Kapitel XVII.
Übergangsbestimmungen, betreffend die Sicherheit

7. Charta der Vereinten Nationen vom 26. Juni 1945

Kapitel XVIII.
Änderungen

Artikel 108.

Artikel 109. 1.

2.

3.

Kapitel XIX.
Ratifikation und Unterzeichnung

Artikel 110. 1.

2.

3.

4.

Artikel 111.

8. Magna Carta vom 15. Juni 1215

MAGNA CARTA

Johannis sine Terra regis Angliae 15° Junii anno Domini 1215.
[Scriptum originale continuus sine numeris est.]
Concordia inter Regem Johannem et Barones pro concessione libertatum ecclesie et regni Anglie.
[Sicut scriptum versus originalem Lincolniensis.]

Johannes Dei gracia rex Anglie, Dominus Hibernie, dux Normannie, Aquitannie et comes Andegavie, archiepiscopis, episcopis, abbatibus, comitibus, baronibus, justiciariis, forestariis, vicecomitibus, prepositis, ministris et omnibus ballivis et fidelibus suis salutem. Sciatis nos intuitu Dei et pro salute anime nostre et omnium antecessorum et heredum nostrorum ad honorem Dei et exaltacionem sancte Ecclesie, et emendacionem regi nostri, per consilium venerabilium patrum nostrorum, Stephani Cantuariensis archiepsicopi, tocius Anglie primatis et sancte Romane ecclesie cardinalis, Henrici Dublinensis archiepiscopi, Willelmi Londoniensis, Petri Wintoniensis, Joscelini Bathoniensis et Glastoniensis, Hugonis Lincolniensis, Walteri Dank Eanna Wygorniensis, Willelmi Coventriensis, et Benedicti Roffensis, episcoporum; magistri Pandulfi domini pape subdiaconi et familiaris, fratris Aymerici magistri milicie Templi in Anglia; et nobilium virorum Willelmi Mariscalli comitis Penbrocie, Willelmi comitis Sarisberie, Willelmi comitis Warennie, Willelmi comitis Arundellie, Alani de Galewey a constabularii Scocie, Warini filii Geroldi, Petri filii Hereberti, Huberti de Burgo senescalli Pictavie, Hugonis de Nevilla, Mathei filii Hereberti, Thome Basset, Alani Basset, Philippi de Albiniaco, Roberti de Roppel., Johannis Mariscalli, Johannis filii Hugonis et aliorum fidelium nostrum.

1.

BLACK_ED OUT

8. Magna Carta vom 15. Juni 1215

8. Magna Carta vom 15. Juni 1215

8. Magna Carta vom 15. Juni 1215

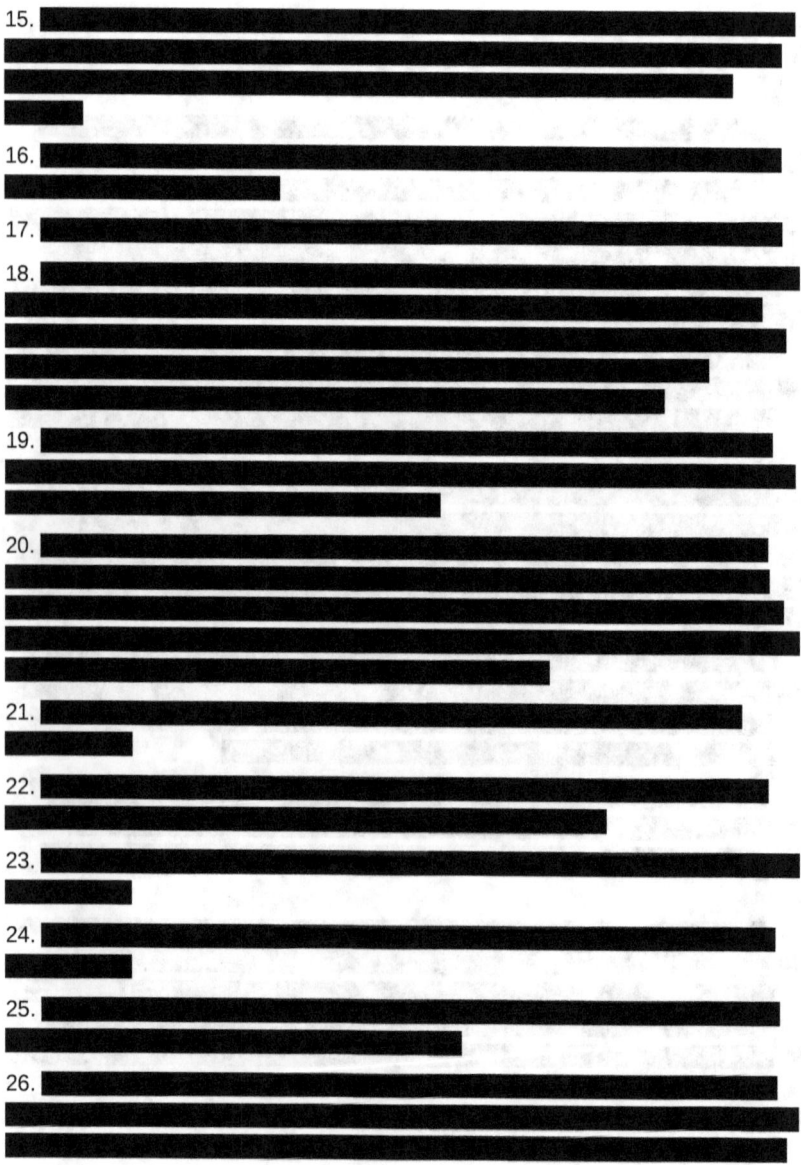

8. Magna Carta vom 15. Juni 1215

8. Magna Carta vom 15. Juni 1215

8. Magna Carta vom 15. Juni 1215

8. Magna Carta vom 15. Juni 1215

8. Magna Carta vom 15. Juni 1215

61.

8. Magna Carta vom 15. Juni 1215

9. Autoren Index Katholische Kirche

Librorum Prohibitorum der Römischen Inquisition 1559-1962

A

Firmin Abauzit, Jacques Abbadie, Johann Heinrich Achterfeld, John Acton, Melchior Adam, Joseph Addison, Agobard, Heinrich Ahrens, Albertus Magnus, Andreas Alciatus, Jean le Rond d'Alembert, Alexander Alesius, Vittorio Alfieri, Francesco Algarotti, Pierre Allix, Johann Heinrich Alsted, Andreas Althamer, Johannes Althusius, Johann Heinrich Alting, Sixtinus Amama, , William Ames, Luigi Amoroso, Moses Amyraldus, Johann Valentin Andreae, Valerius Andreas, Roberto Ardigò, Pietro Aretino, Altmann Arigler, Antoine Arnauld, Christoph Arnold, Gottfried Arnold, Henning Arnisaeus, Dominicus Arumaeus, Anne Askew, François-Alphonse Aulard, Hyacinthe Robillard d'Avrigny

B

Francis Bacon, Giovanni Bonifacio Bagatta, Johann Wilhelm Baier, Adrien Baillet, Michael Bajus, Hieronymus Balbus, Joseph Anton Felix von Balthasar, Johann Baltzer, Stephanus Baluzius, Honoré de Balzac, Angelo Maria Bandini, Jean-Philippe Baratier, Jean Barbeyrac, Caspar von Barth, William Barclay, John Barclay, Robert Barclay, Barlaam von Kalabrien, Louis Barré, Thomas Bartholin, Pierre Batiffol, Dominicus Baudius, Edgar Bauer, Pierre Bayle, Isaac de Beausobre, Simone de Beauvoir, Balthasar Bebel, Cesare Beccaria, Cristina Trivulzio Belgiojoso, Paolo Beni, Jeremy Bentham, Richard Bentley, Henrik Benzelius, Pierre-Jean de Béranger, Joseph Berchtold, Henri Bergson, Ernst Bergmann, George Berkeley, Matthias Berlichius, Jean Frédéric Bernard, Matthias Bernegger, Hippolyte Bernheim, Paul Bert, Aurelio de' Giorgi Bertola, Justin Bertuch, Christoph Besold, Joachim von Beust, William Beveridge, Théodore de Bèze, Johannes Bidembach, Giovanni Bianchi, Aurelio Bianchi-Giovini, Georg Bernhard Bilfinger, Johann Heinrich Bisterfeld, Traiano Boccalini, Ambrosius Blarer, David Blondel, Aloys Blumauer, Jean Bodin, Johannes Friedrich Böckelmann, Justus Henning Böhmer, Jean-Jacques Boissard, Bernard Bolzano, Cristoforo Bonavino, Geremia Bonomelli, Ruggero Bonghi, Jacobus Boonen, Ignaz von Born, Johann Andreas Bose, Luigi Bossi, Jacques Bénigne Bossuet, Johann Botsack, Carlo Giuseppe Guglielmo Botta, Nicolas Antoine Boulanger, Giovanni Bovio, Jean-Baptiste de Boyer, Marquis d'Argens, Marcus Zuerius van Boxhorn, Robert Boyle, Thomas Burnet, Johann Jakob Breitinger (Antistes), Henri Bremond, Friedrich Brenner, François-Joseph-Victor Broussais, Thomas Browne, Johann Jakob Brucker, Giordano Bruno, Antonio Buccellati, Andreas Heinrich Bucholtz, Karl Budde, Václav Budovec z Budova, Johann Franz Budde, Johann Gottlieb

9. Autoren Index Katholische Kirche

Buhle, Ferdinand Buisson, Christian Karl Josias von Bunsen, Appiano Buonafede, Ernesto Buonaiuti, Johannes Burckard, Karl Friedrich Burdach, Gilbert Burnet, Émile Burnouf

C

Pierre-Jean-Georges Cabanis, Étienne Cabet, Georg Calixt, Johannes Calvin, William Camden, Philipp Camerarius, Pedro Rodríguez de Campomanes, Floriano Canale, Pantaleon Candidus, Israel Gottlieb Canz, Johannes Capistranus, Vincenzo Carafa, Marie Jean Antoine Nicolas Caritat, Marquis de Condorcet, Louis Cappel, Friedrich Wilhelm Carové, Benedikt Carpzov der Jüngere, Johann Benedikt Carpzov I., Johann Benedict Carpzov II. , Moriz Carrière, Giacomo Casanova, Isaac Casaubon, Otto Casmann, Georg Cassander, Johannes Cassianus, Emilio Castelar, Sebastian Castellio, Giambattista Casti, Bartolomeo Cecchetti, Christophorus Cellarius, Pierre Charron, Baron Edward Herbert of Cherbury, César Chesneau Du Marsais, Nicolas Chorier, Philipp Neri Chrismann, Giacinto Andrea Cicognini, Nicolaus Cisnerus, Adolf Clarenbach,Daniel Clasen, Jean Claude, François Clouet, Andreas Cludius, Johannes Clüver, Pietro Colletta, Anthony Collins, George Combe, Auguste Comte, Étienne Bonnot de Condillac, Victor Considerant, Hermann Conring, Alphonse Louis Constant, Henri-Benjamin Constant de Rebecque, Jean de Coras, Anton Corvinus ,Ernst Cothmann, Andreas Cratander, Johannes Crellius, Benedetto Croce, Victor Cousin, Cesare Cremonini, Alfred Croiset, Jean-Pierre de Crousaz, Ralph Cudworth, Cyprian von Karthago

D

Gabriele D'Annunzio, Erasmus Darwin, Léon Daudet, Georg Friedrich Daumer, Pierre-Claude Daunou, Desboulmiers, Daniel Defoe, Charles Dellon, Thomas Dempsterus, Thaddäus Anton Dereser, René Descartes, Denis Diderot, Charles Didier, Johann Michael Dilherr, Ernest Dimnet, Giovanni Diodati, Martin Disteli, Friedrich Dittes, Ignaz von Döllinger, Johann Georg Dorsch, John William Draper, Matthäus Dresser, César Chesneau Du Marsais, Philippe Duplessis-Mornay, Pierre Dubois, Jean-Baptiste Dubos, André Duchesne, Louis Duchesne, Charles Duclerc, Charles Pinot Duclos, Johann Conrad Dürr, Henri-Joseph Dulaurens, Alexandre Dumas der Ältere, Alexandre Dumas der Jüngere, Charles François Dupuis, Heinrich Dürrschmidt, Jean Duvergier de Hauranne

E

Tobias Eckhard, Geverhart Elmenhorst, Barthélemy Prosper Enfantin, Samuel Engel, Simon Episcopius, Desiderius Erasmus, Zeger Bernhard van Espen, Pierre de L'Estoile, Johann Georg Estor, Johannes Scotus Eriugena, Johann August Ernesti, Alphonse Esquiros

F

Antoine Fabre d'Olivet, Honoré Fabri, Andreas Fabricius, Franciscus Fabricius, Georg Fabricius, Johannes Fecht, John Fell, Johannes Fecht, François Fénelon, Jean-François Féraud, Enrico Ferri, Gaetano Filangieri, Giovanni Fiorentino, François de Fitz-James, Gustave Flaubert, Edmond Fleg, Claude Fleury, Paul Floren, Robert Fludd, Marianna Marchesa Florenzi, Antonio Fogazzaro, Bernard le Bovier de Fontenelle, Ugo Foscolo, Charles Fourier, Anatole France, Raoul Francé, Veronica Franco, Franz von Paola, Stefano Franscini, Johannes Freinsheim, Nicolas Fréret, Friedrich II. von Preußen, Friedrich V. von der Pfalz, Johannes Friedrich, Nicodemus Frischlin, Ahasverus Fritsch, Libert Froidmont, Jakob Frohschammer, Alois Fuchs, Philipp Funk

G

Stefan Gabriel, Galileo Galilei, Tommaso Gallarati Scotti, Andrea Gallo, Christian Friedrich Garmann, Étienne Joseph Louis Garnier-Pagès, Alessandro Gavazzi, Martin Geier, François Génin, Gennadius von Marseille, Antonio Genovesi, Giovanni Gentile, Alberico Gentili, Johann Gerhard, Francesco Gianni, Pietro Giannone, Edward Gibbon, André Gide, Pierre Gilles, Pierre Louis Ginguené, Joseph Augustin Ginzel, Vincenzo Gioberti, Melchiorre Gioja, Salomo Glassius, Francis Glisson, Rudolf Goclenius der Ältere, Rudolf Goclenius der Jüngere, Jacques Godefroy, Mento Gogreve, Johann Georg Gödelmann, Melchior Goldast, Oliver Goldsmith, Johann Ludwig Gottfried, Simon Goulart, Johannes Ernst Grabe, Arturo Graf, Françoise de Graffigny, Jean Gras, Johann Baptist Graser, Albert Grawer, Antonio Francesco Grazzini, Henri Grégoire, Ferdinand Gregorovius, Francesco Griselini, Hugo Grotius, Jan Gruter, Giovanni Battista Guadagnini, Johann Ludwig von Güldenstubbe, Anton Günther, Francesco Guicciardini, Wolfgang Gundling, Nicolaus Gürtler, Heinrich Gutberleth, Jeanne Marie Guyon du Chesnoy

H

Theodoricus Hackspan, John Hales, Henry Hallam, Anthony Hamilton, Jean Hardouin, Harro Harring, Johann Ludwig Hartmann, Michael Havemann, Caspar Hedio, Johannes Hehn, Johann Heinrich Heidegger, Abraham Heidanus, Peter Heige, Heinrich Heine, Johann Gottlieb Heineccius, Daniel Heinsius, Helmold von Bosau, Claude Adrien Helvétius, Christoph Helwig, Aloys Henhöter, Johann Herbin, Alexandre Herculano, Johann Gottfried Hermann, Georg Hermes, Johann Nikolaus Hert, Angelo Hesnard, Magdalena Heymair, Oswald Hilliger, Paul Hinschius, Hieronymus Hirnhaim, Johann Baptist von Hirscher, Thomas Hobbes, Caspar Hofmann, Paul Henri Thiry d'Holbach, Johann Nikolaus von Hontheim, Johannes Hoornbeeck, Heinrich Horch, Johann Baptist Horix, Georgius Hornius, Johann Heinrich Hottinger der Ältere, Juan Huarte de San Juan, Marie Huber, Johann Nepomuk

9. Autoren Index Katholische Kirche

Huber, Victor Hugo, Johann Hülsemann, David Hume, Helfrich Ulrich Hunnius, Ulrich von Hutten

I

Ignatius von Antiochien, Melchior Inchofer, Johann Lorenz Isenbiehl, Thomas Ittig, Ivo von Chartres

J

Johann Wolfgang Jäger, Jakob I. von England, Cornelius Jansen, Louis Jacolliot, Johann Jahn (Theologe), Ignaz von Jaumann, Christian Gottlieb Jöcher, Johannes Chrysostomos, John Johnston, Flavius Josephus, Julian (röm. Kaiser), Franz Junius der Ältere, Pierre Jurieu

K

Immanuel Kant, Allan Kardec, Johann Friedrich Karg von Bebenburg, Otto Karrer, Nikos Kazantzakis, Bartholomäus Keckermann, Ludwig Keller , Martin von Kempen, Thomas von Kempen, Johann Rudolf Kiesling, Hermann Kirchner, Kaspar Klock, Wilhelm Koch, Christoph Wilhelm von Koch, Johann Friedrich König, Adam František Kollár, Christian Kortholt der Ältere, Nikolaus Kopernikus, Maria Faustyna Kowalska, Wilhelm Christoph Kriegsmann

L

Laurent Angliviel de La Beaumelle, Maturin Veyssière de La Croze, Lactantius, Giuseppe La Farina, Jean de La Fontaine, Hughes Felicité de Lamennais,Julien Offray de La Mettrie, Hubert Languet, Jean-Denis Lanjuinais, François de La Mothe le Vayer, Jean de Labadie, Jérôme Lalande, Alphonse de Lamartine, Félicité de Lamennais, Jakob Lampadius, Pierre Lanfrey, Andrew Lang, Joseph Langen, Matthias Laros, Thomas Lansius, Pierre Larousse, Ernst von Lasaulx, Jan Łasicki, François Laurent, Hermann Latherus, Davide Lazzaretti, Philippe Le Bas, Johann Friedrich LeBret, Leo der Große, Johann Friedrich LeBret, Pierre François Le Courayer, Antoine Legrand, Stephanus le Moine, Nikolaus Lenau, Édouard Le Roy, Charles-Georges Le Roy, Edward Leigh, Louis-Isaac Lemaistre de Sacy, François Lenormant, Giacomo Leopardi, Leopold I., Herzog von Lothringen und Bar, Gotthold Ephraim Lessing, Michel Le Tellier, Johann Leusden, Pierre-Charles Levesque, Melchior Leydecker, Johann Leyser, Polykarp Leyser der Ältere, Andreas Libavius, Guglielmo Libri, Christian Liebenthal, Georg Lienhardt, John Lightfoot, Philippus van Limborck, Johannes Limnäus, Justus Lipsius, Daniel Lipstorp der Jüngere, Juan Antonio Llorente, Juan Caramuel y Lobkowitz, John Locke, Johann Michael von Loën, Alfred Loisy, Valentin Ernst

9. Autoren Index Katholische Kirche

Löscher, Kyrillos Loukaris, Sibrand Lubbert, Stanislaus Lubienietzki, Johann Peter von Ludewig, Michael Caspar Lundorp, Martin Luther

M

Niccolò Machiavelli, Maurice Maeterlinck, Carolus de Maets, Scipione Maffei, Valerian von Magnis, Michael Maier, Louis Maimbourg, Maimonides, Curzio Malaparte, Nicolas Malebranche, Celio Malespini, Terenzio Mamiani, Bernard Mandeville, Paolo Mantegazza, Auguste Maquet, Samuel Maresius, Jean-François Marmontel, Piero Martinetti, Matthias Martinius, Charles Maurras, Piero Maroncelli, Johann Marquard, Andrew Marvell, Juan Francisco Masdeu, Jean Papire Masson, Gerhard von Mastricht, Johann Friedrich Mayer, Beda Mayr, Richard Mead, Otto Melander, Gustav Mensching, Louis-Sébastien Mercier, Sebastian Merkle, Jean Meslier, Johann David Michaelis, Ernst Michel, Jules Michelet, Friedrich Michelis, Jean Hippolyte Michon, Adam Mickiewicz, Johannes Micraelius, Conyers Middleton, Francesco Milizia, John Stuart Mill, Claude-François-Xavier Millot, John Milton, Marco Minghetti, Jean-Baptiste de Mirabaud, Honoré-Gabriel Riquetti de Mirabeau, Maximilien Misson, Johann Sebastian Mitternacht, Andrzej Frycz Modrzewski, François Napoléon Marie Moigno, Miguel de Molinos, Wilhelm Momma, Basilius Monner, Adolphe Monod, Michel de Montaigne, Juan Montalvo, Arnoldus Montanus, Charles de Secondat, Baron de Montesquieu, Louis Basile Carré de Montgeron, Vincenzo Monti, François Dominique de Reynaud de Montlosier, Olympia Fulvia Morata, Henry More, Étienne-Gabriel Morelly, Lady Morgan (Sydney Owenson), Daniel Georg Morhof, Philippe Duplessis-Mornay, Andrea Morosini, Johann Lorenz von Mosheim, Hermann Mulert, Salomon Munk, Ursula von Münsterberg, Marcus Antonius Muretus, Henri Murger, Romolo Murri, Johannes Musaeus, Andreas Musculus, Andreas Mylius

N

Jacques-André Naigeon, Ada Negri, Heinrich Cornelius Agrippa von Nettesheim, Franz Neumayr, Melchior Nicolai, Pierre Nicole, Gerard Noodt, Nicolas Notovitch, Anne Marguerite Petit Du Noyer

O

Herculanus Oberrauch, Franz Oberthür, Johann Oischinger, Philipp Andreas Oldenburger, Jules Oppert, Malachia Ormanian, Andreas Osiander, Johann Adam Osiander, Ovid, John Owen

P

Francesco Mario Pagano, Johannes Pappus, Pierre Parisot, Jean Nicolas de Parival, Blaise Pascal, Évariste de Parny, Étienne Pasquier, Carlo Passaglia, Cornelis de

9. Autoren Index Katholische Kirche

Pauw, Eugène Pelletan, Isaac Péreire, William Perkins, August Pfeiffer, Aloys Pichler, Augusto Pierantoni, Heinrich Pipping, Alexis Piron, Johannes Piscator, Pierre Pithou, Amandus Polanus von Polansdorf, Johann Isaak Pontanus, Louis de Potter, Jean-Martin de Prades, Dominique Dufour de Pradt, Matthäus Prätorius, Johann Georg Pritius, Pierre-Joseph Proudhon, Francesco Prudenzano, Samuel von Pufendorf

Q

Johann Andreas Quenstedt, Pasquier Quesnel, Edgar Quinet

R

François Rabelais, Leopold von Ranke, René Rapin, Christoph von Rappe, Heribert Rau, Johann Rautenstrauch, Guillaume Thomas François Raynal, Giuseppe Regaldi, Reiner Reineccius, Dietrich Reinkingk, Joseph Hubert Reinkens, Anton Reiser, Adrianus Reland, Ernest Renan, Constantin de Renneville, Peter le Page Renouf, Franz Heinrich Reusch, Elias Reusner, Nikolaus von Reusner, Anton Reyberger, Jean Reynaud, Scipione de' Ricci, Giovanni Riccioli, Samuel Richardson, Anthelme Richerand, Christoph Philipp Richter, Gregor Richter, Valentin Riemer, Konrad Rittershausen, Heinrich Rixner, William Robertson, Jean-Baptiste-René Robinet, José Maria Rodrigues, August Rohling, William Roscoe, Alfred Rosenberg, Antonio Rosmini-Serbati, Gabriele Rossetti, Giuseppe de Rossi, Erasmus von Rotterdam, Jean-Jacques Rousseau, Jean Rousset, Caspar Royko, Antonio Rubino, Andreas Rüdiger, Martin Rümelin, Dolindo Ruotolo

S

Paul Sabatier, Marquis de Sade, Franco Sacchetti, Thomas Sagittarius, Marc-Antoine Girard de Saint-Amant, Charles-Augustin Sainte-Beuve, Henri de Saint-Simon, Claudius Salmasius, Joseph Salvador, Luigi Desanctis, George Sand, Edwin Sandys, Adrianus Saravia, Paolo Sarpi, Jean-Paul Sartre, Carolyne zu Sayn-Wittgenstein, Joseph Scaliger, Giovanni Battista Scaramelli, Simon Schard, Franz Anton von Scharpff, Johann Gottfried Schaumburg, Hermann Schell, Joachim Scheplitz, Johann Adam Scherzer, Wilhelm Schickard, Johann Schilter, Nivard Schlögl, Konrad Schlüsselburg, Friedrich Schmidtke, Eulogius Schneider, Aurélien Scholl, Johannes Matthias Schrant der Ältere, Johann Friedrich von Schulte, Anna Maria van Schurman, Konrad Samuel Schurzfleisch, Kaspar Schoppe, Albert Schwegler, Abraham Scultetus, Louis-Philippe de Ségur, John Selden, Étienne Pivert de Senancour, Daniel Sennert, Luigi Settembrini, Sulpicius Severus, Adam Theodor Siber, Constantin Siegwart-Müller, Jules Simon, Richard Simon, Michael Siricius, Jean-Charles-Léonard Simonde de Sismondi, Johann Sithmann, Regner Sixtinus, Jean Soanen, Frédéric Soulié, Friedrich Spanheim, Friedrich Spanheim der Ältere, Bertrando Spaventa, Jakob Spiegel, Baruch de

9. Autoren Index Katholische Kirche

Spinoza, Jacques Spon, Fortunat Sprecher, Johann Jacob Spreng, Johann Friedrich Stapfer, Martin Statius, Benedikt Stattler, Richard Steele, Stendhal, Joachim Stephani, Matthias Stephani, Robertus Stephanus, Laurence Sterne, Giovanni Francesco Straparola, David Friedrich Strauß, Wolfgang Stroothenke, Georg Adam Struve, Johann Stucke, Christian Stumpf, Franz Stypmann, Eugène Sue, Jean-Joseph Surin, Emanuel Swedenborg, Jonathan Swift

T

Hippolyte Taine, Arcangela Tarabotti, Wilhelm Gottlieb Tennemann, Augustin Theiner, Johann Anton Theiner, Theodoret, Jakob Thomasius, Jacques-Auguste de Thou, John Toland, Dmitri Andrejewitsch Tolstoi, Niccolò Tommaseo, François-Vincent Toussaint, Antoine Louis Claude Destutt de Tracy, Maria Thaddäus von Trautmannsdorff, Adam Tribbechov, Johannes Trithemius, Nicolaus de Tudeschis, Joseph Turmel

U

Erasmus Ungebaur, James Ussher, Jan van Utenhove, Karl von Utenhove

V

Étienne Vacherot, Joseph Valla, Dominique Varlet, Theodoor Hendrik van de Velde, Theodorus van der Croon, Cornelis van Eck, Franciscus Mercurius van Helmont, Elias Veiel, Johann Emanuel Veith, Augusto Vera, Joaquín Lorenzo Villanueva, Charles de Villers, Campegius Vitringa der Ältere, Constantin François Volney, Voltaire, Isaac Vossius, Gerhard Johannes Vossius

W

Theodor Wacker, Tobias Wagner, Johann Georg Walch, Hans Wandal der Ältere, Michael Walther der Jüngere, Johann Matthias Watterich, Martin Weinrich, Eberhard von Weihe, Johann Nikolaus Weislinger, Markus Friedrich Wendelin, Johann Angelius Werdenhagen, Gottlieb Wernsdorf der Ältere, Johannes Wessel, Ignaz Heinrich von Wessenberg, Hermann Wilken, John Wilkins, Abraham Wieling, Hermann Witekind, Joseph Wittig, Franz Woken, Johann Christoph Wolf, Christoph Wolle, Johannes Wolleb, Johann Ludwig von Wolzogen, Johann Wurmser, David Samuel Daniel Wyttenbach

9. Autoren Index Katholische Kirche

X

Y

Claude Yvon

Z

Johann Zanger der Jüngere, Andreas Zaupser, Eduard Zeller, Johann Joachim Zentgraf, Caspar Ziegler, Johann Georg Zimmermann, Émile Zola, Giuseppe Zoppi, Peter Zorn, Heinrich Zschokke, Huldrych Zwingli

10. Liste der "verbrannten" Autoren im Dritten Reich

Autor | verbotene Werke

A

Rudolf Abraham ███████████████
Mark Abramowitsch ███████████
Alfred Adler ████
Hermann Adler █████
Max Adler ████
Kurt Adler-Löwenstein ████████████████████
██
██
██████████████

Meir Alberton ████████
Siegfried Alkan ████
Bruno Altmann ███████
Martin Andersen-Nexø ██████████████
Frank Arnau █████████
Käthe Asch ███
Nathan Asch █████████
Schalom Asch ████████████
Wladimir Astrow ████████████████
Raoul Auernheimer █████
Siegfried Aufhäuser ██████

B

Julius Bab ████████
Isaak Emmanuilowitsch Babel █████████████
Michail Alexandrowitsch Bakunin ████████████████
███
Angelica Balabanoff ███████

10. Liste der "verbrannten" Autoren im Dritten Reich

Béla Balázs ███████████████
Henri Barbusse ██████████████████████████
███
Ernst Barlach ██████
Max Barthel ████████████████████████
Adolpe Basler █████████████
Ludwig Bauer ██████████████████████
Otto Bauer ██████████████████████████
███

Oskar Baum ███████
Vicki Baum █████
August Bebel ████████████████████
Johannes R. Becher ████████████████████████
█████████████

Max Beer ████████████████████████
████

Richard Beer-Hofmann ███████████████
Paul Bekker ████████████████
Walter Benjamin █████████
Martin Beradt ██████████████
Walter Arthur Berendsohn ██████████
Siegfried Bernfeld ████████████████████████
Georg Bernhard ██████████
Eduard Bernstein ██████████
Fritz Bernstein ████████████████████████████
███████

Günther Birkenfeld ██████████████████
Grigorij Bjelych ███████████████████
Franz Blei ████████████████
John Bleichy
Fritz Bley ██████████████████████
Ernst Bloch ██████████
Ivan Bloch █████████
Anna Blos ████████████████████████
Wilhelm Blos ████████████████████████
Oscar Blum ██████████████
Elena Fedorovna Bobinskaja ██████████████████████
████

10. Liste der "verbrannten" Autoren im Dritten Reich

Hans Boetticher
Alexander Alexandrowitsch Bogdanow
Nikolai Bogdanow
Waldemar Bonsels
Julian Borchardt
Ber Borochow
Otto Brahm
Felix Braun
Rudolf Braune
Josef Braunthal
Bertolt Brecht
Willi Bredel
Joseph Breitbach
Bernard von Brentano
Hermann Broch
Max Brod
Ferdinand Bruckner
Christa Anita Brück

Rudolf Brunngraber
Fritz Brupbacher
N. Bruphacher
Nikolaj Ivanovič Bucharin

Edgar Rice Burroghs

C

Elias Canetti
Veza Canetti
Robert Spencer Carr
Elisabeth Castonier
Wilhelm Cohnstaedt
Graf Richard Nikolaus von Coudenhove-Kalergi
Carl Crédé

10. Liste der "verbrannten" Autoren im Dritten Reich

Franz Theodor Csokor
Heinrich Cunow

D

Eugene Dabit
Theodor Dan

Robert Danneberg
Charles Robert Darwin
Maurice Decobra
Günter Dehn
Julius Deutsch / Gustav Radbruch

Otto Deutsch
Karl Diehl
Wilhelm Dittmann
Otto Dix

Alfred Döblin
Harry Domela
John Dos Passos

Drehn
Theodore Dreiser
Dr. Robert Drill

E

Erich Ebermayer
Gustav Eckstein
Kasimir Edschmid
Hugo Efferoth
Walther Eggert-Windegg
Otto Ehinger
Ilja Grigorjewitsch Ehrenburg

10. Liste der "verbrannten" Autoren im Dritten Reich

Albert Ehrenstein
Albert Einstein
Karl Einstein
Kurt Eisner
Harvelock Ellis
Fr. von Ellwald
Victor Engelhardt
Friedrich Engels

Anton Erkelenz
Eduard Erkes
Hermann Essig
Wainwright Evans
Hanns Heinz Ewers

F

Walter Fabian

Alexander Fadejew
Hans Fallada
Konstantin Fedin
Arthur Feiler
Emil Felden
Lion Feuchtwanger
Vera Figner
Georg Fink
Ernst Fischer
Louis Fischer
Eugen Fischer-Baling

Marieluise Fleißer
Friedrich Wilhelm Förster
Ernst Fraenkel
Bruno Frank

10. Liste der "verbrannten" Autoren im Dritten Reich

Leonhard Frank
Anna Freud
Sigmund Freud
Alexander Moritz Frey
Arnold Freymuth
Theodor Fricke
Alfred Hermann Fried
Egon Friedell
Richard Friedenthal
Salomo Friedländer
Max Jakob Friedländer
Paul Frischhauer
Eduard Fuchs

René Fülöp Miller

G

Ferdinando Galiani
Rudolf Geist
Hellmut von Gerlach
Giovanni Germanetto
André Gide
Fjodor Gladkow
Ernst Glaeser
Georg K. Glaser
Han(n)s Gobsch
W. Goetz
Michael Gold
Alfons Goldschmidt
Claire Goll
Iwan Goll
Maxim Gorki

Georg Engelbert Graf
Oskar Maria Graf

10. Liste der "verbrannten" Autoren im Dritten Reich

███████████████
Erich Grisar █████████████████████████████████
Will Grohmann █████████████████
George Grosz ██████████████████████████
Karl Grünberg ████████████████
Emil Julius Gumbel ███████████
Martin Gumpert █████████

H

Willy Haas ██████
Hans Habe ████████
Paul von Haben
Ernst Heinrich Philipp August Haeckel ██████
Paul Hahn █████████████████████████████████
Fritz Hampel █████████████
Ferdinand Hardekopf ████████████
Maximilian Harden █████████████
Jakob Haringer ████████
Jaroslav Hasek ████████████████████████████████
██████
Walter Hasenclever ███████████████████
Raoul Hausmann ██████████
John Heartfield ███████
Werner Hegemann ████████████████████████████████
Ernst Heilborn ██████████████
Eduard Heimann ██████████████████████████ █████
██████████
Heinrich Heine ██████████
Heinrichsen ██████████████
Otto Heller █████████████████████
Ernest Hemingway ███████████████████████
Georg Hermann █████████████████████████████████
██████
Gertrud Hermes ████████████████████████████████
███████
Max Herrmann ███████████████████████

10. Liste der "verbrannten" Autoren im Dritten Reich

Wieland Herzfelde ███████████████
Franz Hessel ████
Theodor Heuss ███████████████████
Stefan Heym ████
Friedrich Heymann ████
Rudolf Hilferding ████████████████████████
████
Morris Hillquit █████
Karl Jakob Hirsch ███████
Leo Hirsch ████████
Georg Hirschfeld ████
Magnus Hirschfeld █████████
Martin Hobohm ████████████████████
Paul Oskar Höcker █████
Max Hodann █████
Jakob van Hoddis ██████
Max Hoelz ████████
Josef Hofbauer ███████████████
Camill Hoffmann █████
Richard Hoffmann █████
Arthur Holitscher ████████████████ ██████
Arnold Höllriegel ███████████████████
Ödön von Horváth ████
Albert Hotopp ██████████
Richard Huelsenbeck ███████
Elias Hurwitcz ████████████████████████
████

I

Herbert Ihering ██████████████
Ilja Arnoldowitsch Ilf ██████████
Béla Illés █████
Wilhelm Ilgenstein ███████████████████████
Vera Inber ██████████
Wsewolod Iwanow ██████████████████████

10. Liste der "verbrannten" Autoren im Dritten Reich

J

Heinrich Eduard Jacob
Siegfried Jacobsohn
Timo Jaeschen
Hans Henny Jahnn
Albert Janel
Georg Jellinek
Oskar Jellinek
Bela Jıles
Ernst Johannsen
Marie Juchacz
Aron Jugow
Franz Jung

K

Erich Kästner
Franz Kafka
Georg Kaiser
Mascha Kaleko
Josef Kallinikow
Paul Kampffmeyer
Otto Felix Kanitz
Alfred Kantorowicz
Hermann U. Kantorowicz
Valentin Katajew
Richard Katz
Gina Kaus
Karl Kautsky
Benedikt Kautsky
Karl Kautsky
Siegfried Kawerau
Helen Keller

10. Liste der "verbrannten" Autoren im Dritten Reich

Bernhard Kellermann
Hans Kelsen
Kurt Kerlöw-Löwenstein
Alfred Kerr
Kurt Kersten
Franz Kessel
Hermann Kesten
Irmgard Keun
Egon Erwin Kisch
Klabund
Kurt Kläber
Alfred Kleinberg

Erich Knauf

Franz Kobler
Normann Köber
Alma Johanna Koenig verh. von Ehrenfels
Edlef Koeppen
Lenka (Helene) von Koerber
Lili Körber
Arthur Koestler
Annette Kolb
F. Kolber
Alexandra Kollontai
Gertrud Kolmar
Karl Korn
Paul Kornfeld
Julius Korngold
Karl Korsch
Siegfried Kracauer

Theodor Kramer
Karl Kraus
Michael Krischanowski
Paul Krische

10. Liste der "verbrannten" Autoren im Dritten Reich

Adam Kuckhoff
Alfred Kurella

Heinrich Kurtzig
Michael Alexejewitsch Kusmin

L

Stefan Lackner
Peter Martin Lampel
Wilhelm Lamszus
Gustav Landauer
Arthur Hermann Landsberger

Berta Lask
Else Lasker-Schüler
Ferdinand Lassale

Andreas Latzko
Sofie Lazarsfeld
Joe Lederer
Eva Leidmann
Maria Leitner
Vladimir Iljic Lenin

Leonid M. Leonow
Franz Lepinski
Paul Leppin
Alexander Lernet-Holenia
Theodor Lessing
Eugen Leviné
Levi Levinstein

Fanny Lewald
Richard Lewinsohn
Ludwig Lewisohn
Jurij Nikolaevic Libedinsky

10. Liste der "verbrannten" Autoren im Dritten Reich

Henri Lichtenberger
Wladimir Germanowitsch Lidin
Arthur Liebert
Karl Liebknecht

Wilhelm Liebknecht
Heinz Liepmann
Otto Linck
Anna Lindemann
Benjamin Barr Lindsey

Hilde Gudilla Lion
Richard Lipinski
Kurt Löwenstein
Hubertus Prinz zu Löwenstein-Wertheim-Freudenberg
Jack London
Albert Londres
Ernst Lothar
Alfred Lowitsch
Emil Ludwig
Max Ludwig
György Lukács

Anatoli Lunatscharkski

Rosa Luxemburg

M

Machardt
Wladimir Majakowski

10. Liste der "verbrannten" Autoren im Dritten Reich

Andre Malraux
Hendrik de Man
Erika Mann
Heinrich Mann
Klaus Mann
Thomas Mann
Lu Märten

Hans Marchwitza
Siegfried Marck
Valeriu Marcu
Ludwig Marcuse
Karl Marx
Frans Masereel
Theo Mayer
Franz Mehring
Walter Mehring
Ludwig Meidner
Erich Mendelsohn
Carl Mennicke
Friedrich Merkenschlager
Konrad Merz
Victor Meyer-Eckhard
Gustav Meyrink

Friedrich Michael
Max Mohr
Franz Molnár
Morus
Herrmann Mostar
Erich Mühsam
Hermann Mueller-Franken
Müller-Lhyer
Willi Münzenberg
Robert Musil

10. Liste der "verbrannten" Autoren im Dritten Reich

N

Fritz Naphtali
Hans Natonek
Pietro Nenni

Klaus Neukrantz
Alfred Neumann
Robert Neumann
Alexander Newerow
Max Nitsche
Francesco Saverio Nitti
Erik Noelting
Gustav Noske

O

Paul Oestreich
Nikolai Ognjew
Oda Olberg

Iwan Olbracht
Balder Olden
Rudolf Olden
Franz Oppenheimer

Carl von Ossietzky
Hans Ostwald
Karl Otten
Berthold Otto
Ernst Ottwald

P

Fedor Panferow
Anton Pannekoek
Leonid A. Pantelejev

10. Liste der "verbrannten" Autoren im Dritten Reich

Parmedéé
Konstantin Alexejewitsch Pashitnow
Hertha Pauli
Max Pechstein
Leo Perutz
Evgenij Petrow
Franz Pfemfert
Paul Piechowsky
Kurt Pinthus
Erwin Piscator
Pittigrilli
Osip Aronovic Pjatnickij

Theodor Plivier
Gerhart Pohl
Alfred Polgar
Adelheid Popp
Hugo Preuss

Marcel Proust

R

Gustav Radbruch
Walther Rathenau

Friedrich Reck-Malleczewen
John Reed

Erik Reger
Gustav Regler
Wilhelm Reich
Larissa Reissner
Erich Maria Remarque

10. Liste der "verbrannten" Autoren im Dritten Reich

Ludwig Renn ████████
Karl Renner ████████████████████
████████████████
Joachim Ringelnatz ████████████████
Alexander Roda-Roda ████
Iwan A. Rodionow
Romain Rolland ████████████
Eduard Rosenbaum ████████████
Arthur Rosenberg ████████████████████
████████
Eugen Roth ████████████████
Joseph Roth ███████████████
Frida Rubiner ████████████
Ludwig Rubiner ██████
Otto Rühle ██████
Alice Rühle-Gerstel ████████
Arthur Rümann ████

S

Nelly Sachs ████
Hans Sahl ████
Felix Salten ████████████████
Margaret Higgins Sanger ████████
Rahel Sanzara ████████████████████
Albrecht Carl Schaeffer ████████████████
Julius Schäffer ████████████████████████
████
Schalit ████
Alexander Schapowalow ████████████████████
Adam Scharrer ██████
Johannes Scherr █████
René Schickele ██████
Fritz Schiff ████████████████████
Viktor Schiff ████████████
Alfred Schirokauer ████████
Paul Ferdinand Schmidt ████████████

224 BLACK_ED OUT

10. Liste der "verbrannten" Autoren im Dritten Reich

- Arthur Schnitzler
- Paul von Schoenaich
- Michail Alexandrowitsch Scholochow
- August Scholtis
- Thomas Schramek
- Karl Schroeder
- Bruno Schulz
- Schlump Emil Schulz
- Alvin Schwartz
- Leopold Schwarzschild
- Kurt Schwitters
- Gerhart H. Seger
- Anna Seghers
- Lydia Sejfullina
- Alexander Serafimowitsch
- Walter Serner
- Carl Severing
- Carlo Sforza
- Anna Siemsen
- Hans Siemsen
- Ignazio Silone
- Georg Simmel
- Upton Sinclair
- Grigori Jewsejewitsch Sinowjew
- Slang
- Alexander Slepkow
- Agnes Smedley
- Hans Sochaczewer
- Fjodor Sologub
- Bruno Sommer
- Michail Michaijlovic Sostschenko

BLACK_ED OUT

10. Liste der "verbrannten" Autoren im Dritten Reich

Wilhelm Speyer ███
Hilde Spiel ██
Heinrich Spiero █████
Jossif W. Stalin ██████████
████████

Willy Steiger ███████
Rudolf Steiner ██
Alexander von Stenbock-Fermor ████████
Fritz Sternberg █████████
██

Leo Sternberg ███████
Carl Sternheim ████████
Fritz Stier-Somlo ████████
Helene Stoecker █████████
Alfred Striemer █████
Heinrich Ströbel ███████
Otto Suhr ██████████
████████
███████
████████

Bertha von Suttner █████

T

Theodor Tagger █████
Alexander Tarassoff-Rodionoff ██████████
Gabriele Tergit ██████████
Lisa Tetzner ███
Adrienne Thomas ███
Theodor Tichauer ███
Paul Tillich ██████████
Sunao Tokunaga ██
Ernst Toller ███████
██

Friedrich Torberg ███
Bruno Traven ████████
Sergej Tretjakow █████

226 BLACK_ED OUT

10. Liste der "verbrannten" Autoren im Dritten Reich

Walter Trier █████████
Leo Trotzki █████████
Karl Tschuppik ████████████
Kurt Tucholsky ████████████████████████████████
█████
Werner Türk █████████
Ludwig Turek ████████████

U

Bodo Uhse ██████
Arnold Ulitz ████████████████
Sigrid Undset ██████
Fritz von Unruh ██████████████████████
Rudolf Urbantschitsch ████████████████
Johannes Urzidil ████████

V

Karel Vanek ██████████████
Theodoor Hendrik van de Velde ██████████████████
Berthold Viertel ████████
Heinrich Vogeler ████████████████████
Karl Vorländer ██████████████████████████
█████

W

Jakob Wassermann ██████████████████████████████
██████████████████████
Frank Wedekind ██████████████
Alex Wedding ████████████████
Arnim T. Wegner ██████████████████████████
██████████████
Claus Wehberg ██████████████████████████
████
Erich Weinert ████████████████

BLACK_ED OUT

10. Liste der "verbrannten" Autoren im Dritten Reich

Otto Weininger
Franz Carl Weiskopf
Ernst Weiss
Friedrich Weiss
Paul Weisengrün
Eduard Weitsch
Herbert George Wells

Franz Werfel
Paul Westheim
Ludwig Winder
Eugen Gottlob Winkler
Karl August Wittfogel
Oskar Wöhrle
Gertrud Woker

Julius Wolf
Friedrich Wolf
Theodor Wolff
Wilhelm Wolff
Willi Wolfradt

Z

Paul Zech
Clara Zetkin

August Ziegler
Heinrich Zille
Max Zimmering
Émile Zola
Carl Zuckmayer
Hermynia Zur Mühlen
Arnold Zweig
Stefan Zweig

10. Liste der "verbrannten" Autoren im Dritten Reich

11. Flugblätter der „Weißen Rose"

Mitglieder: Hans Scholl, Alexander Schmorell, Sophie Scholl, Kurt Huber, Christoph Probst, Willi Graf

Flugblatt I

11. Flugblätter der „Weißen Rose"

BLACK_ED OUT

11. Flugblätter der „Weißen Rose"

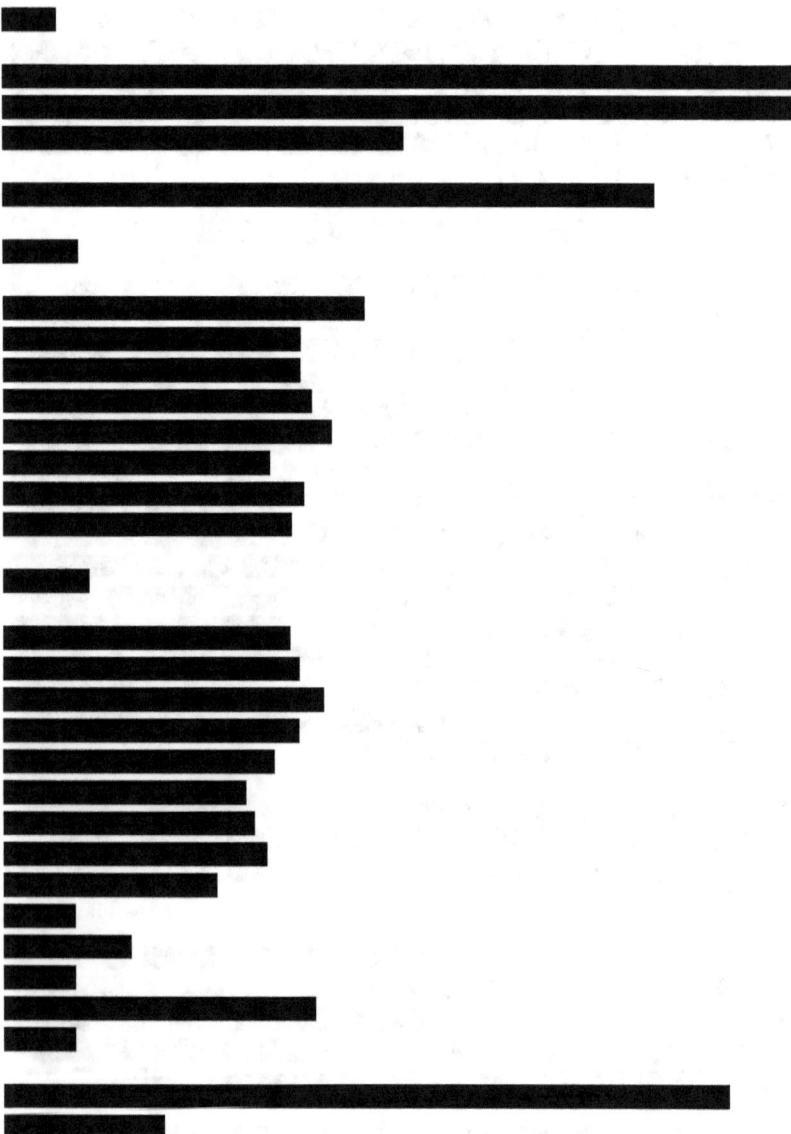

11. Flugblätter der "Weißen Rose"

Flugblatt II

11. Flugblätter der „Weißen Rose"

11. Flugblätter der „Weißen Rose"

BLACK_ED OUT

11. Flugblätter der „Weißen Rose"

Flugblatt III

BLACK_ED OUT

11. Flugblätter der „Weißen Rose"

BLACK_ED OUT

11. Flugblätter der „Weißen Rose"

11. Flugblätter der „Weißen Rose"

Flugblatt IV

11. Flugblätter der „Weißen Rose"

11. Flugblätter der „Weißen Rose"

11. Flugblätter der „Weißen Rose"

Flugblatt V

11. Flugblätter der „Weißen Rose"

11. Flugblätter der „Weißen Rose"

Flugblatt VI

11. Flugblätter der „Weißen Rose"

12. Zensierte und verbotene Bücher aus unserer aktuellen Zeit

Autor
Grund und Wirkungsgebiet der Zensur

Joanne K. Rowling
██████████████████████████████████████
████████████████████

Dan Brown
██████████████████████████████████████
██████████████████████████████

Joseph Kardinal Ratzinger
██████████████████████████████████████
██████████████████████████████████████
██████████████████████████████████████
████████████████

Henry Miller
██████████████████████████████████████
████████████████

Grimms Märchen
██████████████████████████████████████
███████████████████████████████████
██████████████████████████████████████
████████████████████████

L. Frank Baum
██████████████████████████████████████
██████████████████████████████████████
██████████████████████████████████████
██████████████████████████████████████
████████████████

12. Zensierte und verbotene Bücher aus unsereraktuellen Zeit

George Orwell

███████████████████████████████████████
███████████████████████████████████████
███████████████████████████████████████
████████████████████

E. L. James

███████████████████████████████████████
████████████████

Charles Darwin

███████████████████████████████████████
██████████

Salman Rushdie

███████████████████████████████████████
█████████████████████████

Anne Frank

███████████████████████████
███████████████████████████████████████
███████████████████████████████████████
████████████████████████████████████

Mary Shelley

███████████████████████████████████
██████████████████████████████
███████████████████████████████████████
█████████████████

"Oxford Dictionary of English"

███████████████████████████████
███████████████████████████████████████
███████████████████████████████
████████████

13. Martin Luther King - „I Have a Dream"

Rede „I Have a Dream" am 28 August 1963 am Lincoln Memorial, Washington D.C.

I am happy to join with you today in what will go down in history as the greatest demonstration for freedom in the history of our nation.

13. Martin Luther King - „I Have a Dream"

13. Martin Luther King - „I Have a Dream"

I have a dream

I have a dream

I have a dream

I have a dream

I have a dream

I have a dream

13. Martin Luther King - „I Have a Dream"

14. Der Spiegel „Bedingt abwehrbereit"

Artikel vom 10.10.1962:

Bundeswehr - Bedingt abwehrbereit

14. Der Spiegel „Bedingt abwehrbereit"

14. Der Spiegel „Bedingt abwehrbereit"

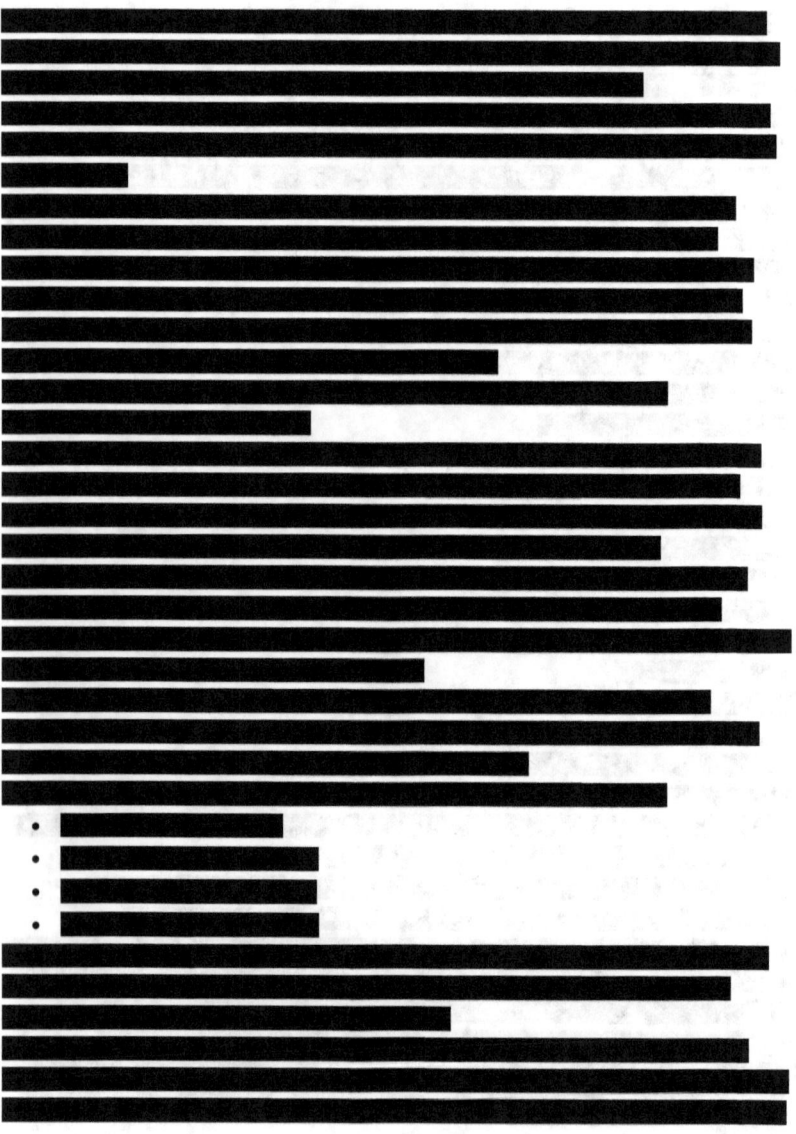

14. Der Spiegel „Bedingt abwehrbereit"

BLACK_ED OUT

14. Der Spiegel „Bedingt abwehrbereit"

14. Der Spiegel „Bedingt abwehrbereit"

14. Der Spiegel „Bedingt abwehrbereit"

BLACK_ED OUT

14. Der Spiegel „Bedingt abwehrbereit"

14. Der Spiegel „Bedingt abwehrbereit"

14. Der Spiegel „Bedingt abwehrbereit"

BLACK_ED OUT

14. Der Spiegel „Bedingt abwehrbereit"

14. Der Spiegel „Bedingt abwehrbereit"

14. Der Spiegel „Bedingt abwehrbereit"

14. Der Spiegel „Bedingt abwehrbereit"

14. Der Spiegel „Bedingt abwehrbereit"

14. Der Spiegel „Bedingt abwehrbereit"

14. Der Spiegel „Bedingt abwehrbereit"

14. Der Spiegel „Bedingt abwehrbereit"

14. Der Spiegel „Bedingt abwehrbereit"

14. Der Spiegel „Bedingt abwehrbereit"

14. Der Spiegel „Bedingt abwehrbereit"

14. Der Spiegel „Bedingt abwehrbereit"

14. Der Spiegel „Bedingt abwehrbereit"

15. Bundesverfassungsgericht Urteil vom 5.August 1966
zur „Spiegel" Affaire

Zur Frage der Verfassungsmäßigkeit von Durchsuchungen in Presseräumen.

Teilurteil
des Ersten Senats vom 5. August 1966 auf die mündliche Verhandlung vom 25., 26. und 27. Januar 1966
Aktenzeichen: 1 BvR 586/62, 610/63 und 512/64

BUNDESVERFASSUNGSGERICHT

Im Namen des Volkes

Urteil

Aktenzeichen: 1 BvR 586/62, 610/63 und 512/64

BLACK_ED OUT

15. Bundesverfassungsgericht Urteil vom 5.August 1966

Entscheidungsformel:

15. Bundesverfassungsgericht Urteil vom 5.August 1966

Gründe:

A.

1.

[redacted]

[redacted]

[redacted]

[redacted]

[redacted]

[redacted]

[redacted]

[redacted]

2. [redacted]

15. Bundesverfassungsgericht Urteil vom 5.August 1966

[redacted]

3. [redacted]

4. [redacted]

[redacted]

15. Bundesverfassungsgericht Urteil vom 5.August 1966

15. Bundesverfassungsgericht Urteil vom 5.August 1966

15. Bundesverfassungsgericht Urteil vom 5.August 1966

15. Bundesverfassungsgericht Urteil vom 5.August 1966

4.

C.

1.

[redacted]

[redacted]

2. [redacted]

[redacted]

3. [redacted]

15. Bundesverfassungsgericht Urteil vom 5.August 1966

15. Bundesverfassungsgericht Urteil vom 5.August 1966

D.

I.

1.

15. Bundesverfassungsgericht Urteil vom 5.August 1966

15. Bundesverfassungsgericht Urteil vom 5.August 1966

15. Bundesverfassungsgericht Urteil vom 5.August 1966

15. Bundesverfassungsgericht Urteil vom 5.August 1966

15. Bundesverfassungsgericht Urteil vom 5.August 1966

II.

a)

b)

15. Bundesverfassungsgericht Urteil vom 5.August 1966

E.

15. Bundesverfassungsgericht Urteil vom 5.August 1966

15. Bundesverfassungsgericht Urteil vom 5.August 1966

F.

15. Bundesverfassungsgericht Urteil vom 5.August 1966

15. Bundesverfassungsgericht Urteil vom 5.August 1966

G.

I.

1.

a)

15. Bundesverfassungsgericht Urteil vom 5.August 1966

15. Bundesverfassungsgericht Urteil vom 5.August 1966

15. Bundesverfassungsgericht Urteil vom 5.August 1966

15. Bundesverfassungsgericht Urteil vom 5.August 1966

15. Bundesverfassungsgericht Urteil vom 5.August 1966

15. Bundesverfassungsgericht Urteil vom 5.August 1966

15. Bundesverfassungsgericht Urteil vom 5.August 1966

15. Bundesverfassungsgericht Urteil vom 5.August 1966

15. Bundesverfassungsgericht Urteil vom 5.August 1966

15. Bundesverfassungsgericht Urteil vom 5.August 1966

15. Bundesverfassungsgericht Urteil vom 5.August 1966

15. Bundesverfassungsgericht Urteil vom 5.August 1966

15. Bundesverfassungsgericht Urteil vom 5.August 1966

II.

1.

15. Bundesverfassungsgericht Urteil vom 5.August 1966

15. Bundesverfassungsgericht Urteil vom 5.August 1966

15. Bundesverfassungsgericht Urteil vom 5.August 1966

15. Bundesverfassungsgericht Urteil vom 5.August 1966

15. Bundesverfassungsgericht Urteil vom 5.August 1966

15. Bundesverfassungsgericht Urteil vom 5.August 1966

15. Bundesverfassungsgericht Urteil vom 5.August 1966

15. Bundesverfassungsgericht Urteil vom 5.August 1966

15. Bundesverfassungsgericht Urteil vom 5.August 1966

15. Bundesverfassungsgericht Urteil vom 5. August 1966

15. Bundesverfassungsgericht Urteil vom 5.August 1966

15. Bundesverfassungsgericht Urteil vom 5.August 1966

c)

15. Bundesverfassungsgericht Urteil vom 5.August 1966

d)

II.

a)

15. Bundesverfassungsgericht Urteil vom 5.August 1966

[redacted]

b) [redacted]

[redacted]

c) [redacted]

BLACK_ED OUT

15. Bundesverfassungsgericht Urteil vom 5.August 1966

J.

16. 9/11 Report „28 Pages" - Original Schwärzung 2002

„JOINT INQUIRY INTO INTELLIGENCE COMMUNITY ACTIVITIES BEFORE AND AFTER THE TERRORIST ATTACKS OF

SEPTEMBER 11, 2001

REPORT

OF THE

U.S. SENATE SELECT COMMITTEE ON INTELLIGENCE

AND

U.S. HOUSE PERMANENT SELECT COMMITTEE ON INTELLIGENCE

TOGETHER WITH ADDITIONAL VIEWS

DECEMBER 2002"

PART FOUR—FINDING, DISCUSSION AND NARRATIVE REGARDING CERTAIN SENSITIVE NATIONAL SECURITY MATTERS

BLACK_ED OUT

[Page 415]

PART FOUR—FINDING, DISCUSSION AND NARRATIVE REGARDING CERTAIN SENSITIVE NATIONAL SECURITY MATTERS

<u>20. Finding</u>: [Through its investigation, the Joint Inquiry developed information suggesting specific sources of foreign support for some of the September 11 hijackers while they were in the United States. The Joint Inquiry's review confirmed that the Intelligence Community also has information, much of which has yet to be independently verified, concerning these potential sources of support. In their testimony, neither CIA nor FBI officials were able to address definitively the extent of such support for the hijackers globally or within the United States or the extent to which such support, if it exists, is knowing or inadvertent in nature. Only recently, and at least in part due to the Joint Inquiry's focus on this issue, did the FBI and CIA strengthen their efforts to address these issues. In the view of the Joint Inquiry, this gap in U.S. intelligence coverage is unacceptable, given the magnitude and immediacy of the potential risk to U.S. national security. The Intelligence Community needs to address this area of concern as aggressively and as quickly as possible].

<u>Discussion</u>: [The Joint Inquiry reviewed information in FBI and CIA documents suggesting specific potential sources of foreign support for the September 11 hijackers. While the Joint Inquiry uncovered this material during the course of its review of FBI and CIA documents, it did not attempt to investigate and assess the accuracy and significance of this information independently, recognizing that such a task would be beyond the scope of the Joint [page 416] Inquiry. Instead, the Joint Inquiry referred a detailed compilation of information it had uncovered in documents and interviews to the FBI and CIA for further investigation by the Intelligence Community and, if appropriate, law enforcement agencies. A detailed summary of the available information pertaining to this issue is included in the classified version of the Joint Inquiry final report].

[It should be clear that this Joint Inquiry has made no final determinations as to the reliability or sufficiency of the information regarding these issues that was found contained in FBI and CIA documents. It was not the task of this Joint Inquiry to conduct the kind of extensive investigation that would be required to determine the true significance of such alleged support to the hijackers. On the one hand, it is possible that these kinds of connections could suggest, as indicated in a CIA memorandum, "incontrovertible evidence that there is support for these terrorists [------------------------]." On the other hand, it is also possible that further

TOP SECRET

investigation of these allegations could reveal legitimate, and innocent, explanations for these associations].

[Given the serious national security implications of this information, however, the leadership of the Joint Inquiry is referring the Joint Inquiry Staff's compilation of relevant information to both the FBI and the CIA for investigative review and appropriate investigative and intelligence action].

[Page 416]

[--].

[--]:

- [--

TOP SECRET

16. 9/11 Report „28 Pages" - Original Schwärzung 2002

TOP SECRET

———————————];

[Page 417]

- [————————————————————————
————————————————————————
————————————];
- [————————————————————————
————————————————————]

TOP SECRET

16. 9/11 Report „28 Pages" - Original Schwärzung 2002

TOP SECRET

———————————————————————————————
—————————————————————————————————];

[Page 418]

- [——————————————————————————————
  ————————————————————————————————
  ————————————————————————————————
  ————————————————————————————————
  ———————————————————————]; and

- [——————————————————————————————
  ————————————————————————————————
  ————].

[————————————————————————————————
————————————————————], including:

- [——————————————————————————————
  ————————————————————————————————
  ——————————————————————————]
  ————————————————————————————];

- [——————————————————————————————
  ————————————————————————————————
  ——————————————————————————];

- [——————————————————————————————
  ————————————————————————————————
  ————————————————————————————————
  ————————————————————————————————

TOP SECRET

16. 9/11 Report „28 Pages" - Original Schwärzung 2002

TOP SECRET

———————————————— [page 419] ————————————————

———————————————————————————————];

- [————————————————————————————————————
  ————————————————];

- [————————————————————————————————————
  ———————————————————————————]
  [————————————————————————————————————
  ————————————————————————————].

  [————————————————————————————————————

[page 420] ————————————————————————————————

TOP SECRET

16. 9/11 Report „28 Pages" - Original Schwärzung 2002

TOP SECRET

NARRATIVE

16. 9/11 Report „28 Pages" - Original Schwärzung 2002

TOP SECRET

[page 421]

———].

[———
———————————————————————————————————]

[———
———————].

[———
———————————].

[———
———]

[———
———]:

- [———
———];

TOP SECRET

16. 9/11 Report „28 Pages" - Original Schwärzung 2002

TOP SECRET

[Page 422]

- [————————————————————————
  ————————————————————]; and

- [————————————————————————
  ————].

[————————————]

  [————————————————————————
  ————————————————————————
  ————————————————————————
  ————————————].

  [————————————————————————
  ————————————————————————
  ————,[1]————————————————————]
  ————————————————————————
  ————————————————————————
  ————————————————————————
————].

[Page 423]

  [————————————————————————
  ————————————————————

---

[1] [————————————————————————
  ————————————————————————]
————]."

TOP SECRET

16. 9/11 Report „28 Pages" - Original Schwärzung 2002

TOP SECRET

―――――――――――――――――――――――――――――――
―――――――――――――――――――――]:

- [―――――――――――――――――――――――
  ―――――――――――];

- [―――――――――――――――――――――――
  ―――――――――――――――];

- [―――――――――――――――――――――――
  ―――――――――――];

- [―――――――――――――――――――――――
  ―――――――――――――――――――――――
  ―――];

- [―――――――――――――――――――――――
  ―――――――――――――――――――――――
  ―――――――――――――――――――――――
  ―――――――――――――――――――――――
  ―――――――――].

[―――――――――――――――――――――――
―――――――――――――――――――――――
―――――――――――――――――――――――

[page 424] ―――――――――――――――――――
―――――――――――――――――――――――

TOP SECRET 403

TOP SECRET

[redacted]].

[[redacted]]:

[[redacted]]

[[redacted]].

[[redacted]].

[Page 425]

[[redacted]]:

[[redacted]].

16. 9/11 Report „28 Pages" - Original Schwärzung 2002

TOP SECRET

[———————————————————————————————————
———————————————————————————————————
——————————]

[———————————————————————————————————
....
....
....
....
....
———————————————————————————————————
————————————————————].

[———————————————————————————————————
....
———————————————————————————————————
———————————————————————————————————
———————————————————————————————————
———————————————————————————————————
————————————————————————————————].

[Page 426]
[............................———————————————————————
———————————————————————————————————
———————————————————————————————————
————————————————————].

TOP SECRET   405

16. 9/11 Report „28 Pages" - Original Schwärzung 2002

TOP SECRET

The Joint Inquiry also found, [————————————————————
————————————————————————]:

- [————————————————————————————
  ————————————————————————————
  ————————————————————————];

- [————————————————————————————
  ————————————————————————————
  ————————————————————————————
  ————];"

- [————————————————————————————
  ————————];

- [————————————————————————————
  ————————————];

[Page 427]

- [————————————————————————————
  ————————————————————————————
  ————————————————————].

[————————————————————————————
————————————————————————————
————————————————————————————
————————————————————————————

TOP SECRET

16. 9/11 Report „28 Pages" - Original Schwärzung 2002

TOP SECRET

———————————————————————].

[—————————————————————————————————

———————————————————————————————————].

[—————————————————————————————————

———————————————].

[Page 428]

[———————————————————————
——————————]:

[—————————————————————————
———————————————].

[————————————————————————]:

[—————————————————————————
———————————————————].

TOP SECRET 407

16. 9/11 Report „28 Pages" - Original Schwärzung 2002

TOP SECRET

[—————————————————————————————
———————————————————————————————
——————————————————————————————]
[———————————————————————————————
————————————————————————————————
————————————————————————————————
————————————————————————————————
————————————————————————————————
————————————————————————————————
———————————————————————————————].

[————————————————————————————————
————————————————]

   [————————————————————————————
————————————————————————————————
————————————————————————————————
———————————————————————— [page 429] —
————————————————————————————————
————————————————————————————].

   [————————————————————————————
————————————————————————————————
————————————————————————————————
————————————————————————————————
————————————————————————————————
————————————————————————————————

TOP SECRET

16. 9/11 Report „28 Pages" - Original Schwärzung 2002

TOP SECRET

[redacted].

[redacted].

[redacted].

[Page 430]

[redacted].

[redacted]

TOP SECRET 409

16. 9/11 Report „28 Pages" - Original Schwärzung 2002

TOP SECRET

[——————————————————————
————————————————————————
————————————————————————
————————————————————————
————————————————————————
——————————————————————
——————————————————————
————————————].

[——————————————————————
——————————————————————
——————————————————————
————————————].

[——————————————————————
————————————————————————
————————————————————————
—————————————————— [Page 431] ——————————————
————————————————————————
——————————————].

[——————————————————————
————————————————————————
————————————————————————
————————————————————————
————————————————————————

TOP SECRET 410

16. 9/11 Report „28 Pages" - Original Schwärzung 2002

TOP SECRET

[page 432]

TOP SECRET

16. 9/11 Report „28 Pages" - Original Schwärzung 2002

TOP SECRET

[——————————————————
———————————]

  [———————————————————
————————————————————].

  [——————————————————————

————————————————-----].
[Page 433]
  [------------------------------------

————].[2]

---

[2] [————————————————
————].

TOP SECRET

16. 9/11 Report „28 Pages" - Original Schwärzung 2002

TOP SECRET

[--

――
――
――
――
――
――
――
----------].

[――――――――――――――――――――――――――――――――――――――
――
――
――
――
―――――――――――――――――――――――――――――――――――― [page 434] ―――――――――――――――――――――――――――――――――――
―――――――――――――――――――――――――――――――――――]."

In testimony before the Joint Inquiry, [―――――――――――――――――――]:
   [―――――――――――――――――――――――――――――――――――
   ―――――――――――――――――――――――――――――].

[--

―――――――――――――――――――――――――――].

[--

TOP SECRET
413

16. 9/11 Report „28 Pages" - Original Schwärzung 2002

TOP SECRET

―――――――――――――――――――――――――
―――――――――――――――――――――――――
―――――――――――――――――――――――――
―――――――――――――――――――――――――
―――――――――――――――――
―――――――――
――――――――――――――
――――――――――――――――――].

[―――――――――――――――――――――――
―――――――――――――――――――――――
―――――――――――――――――――――――
―――――――――――――――――――――――
―――――――――――――――――――――――
―――――――――――――――――]

[Page 435]

[―――――――――――――――――――――――
―――――――――――――――――――――――
―――――――――――――――――――――――
―――――――――――――――――――――――
―――――――――――――].

[―――――――――――――――――――――――
―――――――――――――――――――――――
―――――――――――――]:
 [―――――――――――――――――――――
 ――――――――――――].

TOP SECRET

16. 9/11 Report „28 Pages" - Original Schwärzung 2002

TOP SECRET

[————————————————————————————————————
——————————————————————————————————————
——————————————————————————————————————
——————————————————————————————————————
——————————————————————————————————————
——————————————————————————————————————
——————————————————————————————————————
——————————————————————————————————————
——————————————————————————————————————
——————————————————————————————————————
——————————————————————————————————————
——————————————————————————————————————
——————————————————————————————————————
————————————————————————————————————-].

[————————————————————————————————————
—————————————————————————————————— [page
436]—————————————————————————————————
——————————————————————————————————————
——————————————————————————————————————
——————————————————————————————————————
——————————————————————————————————————
——————————————————————————————————————
—————————————-].

[A U. S. Government official testified about [————————————————]:

[——————————————————————————————————
——————————————————————————————————————
——————————————————————————————————————
——————————————————
——————————————————————————————————————
——————————————————————————————————————

TOP SECRET 415

16. 9/11 Report „28 Pages" - Original Schwärzung 2002

TOP SECRET

[----------]:

[----------].

Finally, [---------- [page 437] ----------].

[----------]

TOP SECRET

16. 9/11 Report „28 Pages" - Original Schwärzung 2002

TOP SECRET

———].

[——————————————————]

[——————————————————————

——————————————————————[page 438]——————————

——————————————].

[——————————————————————

——————————————————————

——————————————————————].

[——————————————————————

——————————————].

TOP SECRET

16. 9/11 Report „28 Pages" - Original Schwärzung 2002

TOP SECRET

[——
——
——
——
——
——
——
——
————————————].

[Page 439]

[————————————————————] A U.S. Government official testified to the Joint Inquiry on this issue]:

[——
——
————————————————].

[——
——
——
——
——]

TOP SECRET 418

16. 9/11 Report „28 Pages" - Original Schwärzung 2002

TOP SECRET

———].

[——
——
——
——
——
——
——————————————].

[A U. S. Government official testified at the [——————————] hearing about [——————
————————————————————]: [page 440]

[——
——
——
——
——
————————————————————————].

Mr. Bereuter: [————————————————]?

U. S. Government official: [————————————————————
————————————————].

[——
————————————————]

[——
——
——

TOP SECRET

16. 9/11 Report „28 Pages" - Original Schwärzung 2002

TOP SECRET

[Page 441]

TOP SECRET

16. 9/11 Report „28 Pages" - Original Schwärzung 2002

TOP SECRET

[————————————————
———————————————].

  [-----------------------------------]:
    [————————————————
    ——————————————-----------------].
  [—————— ---- ——————]:
    [---
    [page 442] --

    —————---].

[---————————————————————
————————————]:
  [————————————————————
  ————————————————————
  ————————————————————
  ————————————————————
  ————————————————————
  ————————————————————
  ————————————————————
  ————————————————————
  ————————————————————
  ————————————————————
  ——————————————————————].
  [——————————————————————]:
    [--

    ————————————--].
  [——————————————————————
  ————————————]

TOP SECRET   421

16. 9/11 Report „28 Pages" - Original Schwärzung 2002

[——————————————————————————————
——————————————————————————————
——————————————
——————————].

[Page 443]

[——————————————————————————————
————]:

[——————————————————————————————
——————————
——————————————————————].

[——————————————————————————————
————]:

[——————————————————————————————
——————————
——————————————].

In the October 10, 2002 closed hearing, FBI Director Mueller acknowledged that he became aware of some of the facts regarding this issue only as a result of the investigative work of the Joint Inquiry Staff:

> I'm saying the sequence of events here, I think the staff probed and, as a result of the probing, some facts came to light here and to me, frankly, that had not come to light before, and perhaps would not have come to light had the staff not probed. That's what I'm telling you. So I'm agreeing with you that the staff probing brought out facts that may not have come to this Committee.
>
> Senator DeWine: But what you're also saying, though, is that that probing then brought facts to your attention.
>
> Director Mueller: Yes.

Danke

Ein großes Dankeschön gebührt **Jochem Becker** für den kreativen Austausch zu diesem ungewöhnlichen Buchprojekt.

Ein sehr spezieller Dank geht an **Markus Härle**.
Du hast mit deiner genauen Vorstellung und Fertigkeit die Formalität des Buches in die Gestaltung des Covers perfekt übertragen.

Und auch bei **Anna** möchte ich mich ganz herzlich bedanken.
Du hast mit deinem Engagement und Fachwissen sowohl die schwarzen Balken als auch das gesamte Werk in die richtige Form gebracht. Dein inhaltlicher Rat war obendrein sehr wertvoll.

Der größte Dank geht aber natürlich an meinen Vater **Dr. Fritz Joachim Gohlke**.
Die Erziehung hin zu Diskussion und offener Meinung war prägend.

Die Aufforderung, sich kurz zu halten, hat bei diesem Buch wohl Einfluss gehabt.

Der Autor Alexander Gohlke, 1969 in Altötting geboren, ist studierter Dipl. Kommunikationswirt BAW. Er lebt und arbeitet in München.

Sämtliche Einnahmen des Autors aus dem Verkauf dieses Buches werden gespendet.

Kontakt: BLACK_ED.OUT@gmx.net

www.ingramcontent.com/pod-product-compliance
Lightning Source LLC
Chambersburg PA
CBHW052238220526
45471CB00001B/91